Muhammad Ali

rowohlts monographien
begründet von Kurt Kusenberg
herausgegeben von Wolfgang Müller
und Uwe Naumann

Muhammad Ali

Dargestellt von Harald Krämer
und Fritz K. Heering

Rowohlt Taschenbuch Verlag

Umschlagvorderseite: Muhammad Ali, 1974
Umschlagrückseite: Kampfplakat für Muhammad Ali – Floyd Patterson
in Las Vegas (22. November 1965)
Muhammad Ali gewinnt in Lewiston, Maine, gegen Sonny Liston
in der 1. Runde durch K. o. (25. Mai 1965)

Seite 3: Muhammad Ali
Seite 7: Ausschnitt aus einem Plakat für den Kampf
Muhammad Ali – Ken Norton in San Diego (31. März 1973)

Originalausgabe
Veröffentlicht im Rowohlt Taschenbuch Verlag
GmbH, Reinbek bei Hamburg, Dezember 2001
Copyright © 2001 by Rowohlt Taschenbuch Verlag
GmbH, Reinbek bei Hamburg
Alle Rechte an dieser Ausgabe vorbehalten
Umschlaggestaltung Ivar Bläsi
Redaktionsassistenz Katrin Finkemeier
Reihentypografie Daniel Sauthoff
Layout Gabriele Boekholt
Satz PE Proforma *und* Foundry Sans *PostScript,*
QuarkXPress 4.1
Gesamtherstellung Clausen & Bosse, Leck
Printed in Germany
ISBN 3 499 50643 2

Die Schreibweise entspricht den Regeln
der neuen Rechtschreibung.

INHALT

Einleitung

Am 19. November 1999 wurde Muhammad Ali mit dem World Sports Award of the Century in Wien als «Kampfsportler des Jahrhunderts» geehrt. Hätten die in anderen Kategorien gewählten Größten ihrer Metiers wie Pelé, Carl Lewis, Nadia Comaneci, Michael Jordan, Steffi Graf oder Alain Prost d e n Sportler des Jahrhunderts küren müssen – ihre Wahl wäre zweifellos auf die Boxlegende aus Louisville, Kentucky, gefallen. In seiner aktiven Zeit wurde Ali nicht müde, sich im Glanz selbst kreierter Superlative zu sonnen: ich, der schnellste, klügste, effizienteste und schönste Schwergewichtler, der je in den Boxarenen der Welt zu bestaunen war: «I'm the Greatest.» Wo immer Muhammad Ali auftrat, bewegte er Massen: Verkehrschaos am Times Square, Menschenauflauf am Piccadilly Circus, Trubel auf den Straßen Kinshasas und Manilas. In den sechziger und siebziger Jahren dürfte es kein bekannteres Gesicht auf dem Planeten gegeben haben als seines – vertrauter und präsenter als das aller amerikanischen Präsidenten, vatikanischen Residenten und Hollywoodstars dieser Jahre.

Er begann seine Laufbahn als Cassius Clay * – ein junger Mann, respektlos, prahlerisch, charmant und mit unbezähmbarer Lust an der Selbstinszenierung. Heute ist Ali eine lebende Legende – ein alter Mann, parkinsonkrank, ein gläubiger Moslem, der in Frieden mit sich und der Welt lebt. Dass jemand, der sich aller Welt als «Großmaul» mit manischem Redezwang präsentierte, mittlerweile fast zur Sprachlosigkeit verdammt ist, mutet wie ein böses

---

* Ali hat, wann immer er auf die Zeit vor seinem Beitritt zu den Black Muslims Bezug nahm, von sich als Cassius Clay gesprochen. Der 6. März 1964, an dem Elijah Muhammad in einer Rundfunkansprache Clay seinen neuen Namen verlieh, ist das wahre «Geburtsdatum» von Muhammad Ali.

Spiel des Schicksals an. Doch Ali hat gelernt, seine gesundheitliche Beeinträchtigung in Demut anzunehmen als eine von Allah auferlegte Herausforderung und nicht als eine gerechte Strafe, wie sein ewiger Antipode Joe Frazier orakelt: «Er stand so knietief in seinem Ego, dass Gott zur Strafe mit Parkinson ein Exempel an ihm statuiert hat.»[1]

Nicht ob Ali «der Größte» war, ist von Interesse. Er beeindruckt bis heute durch seinen Charakter und sein Charisma: als Boxer und Entertainer, als politischer und gläubiger Mensch. Seine legendären Kämpfe gegen Sonny Liston, Floyd Patterson, George Foreman und Joe Frazier haben Millionen von Menschen in aller Welt gebannt am Fernseher verfolgt, auch wenn sie weder davor noch danach etwas mit Boxen zu tun haben wollten. Keiner brachte Kraft, Eleganz und Schnelligkeit im Ring so perfekt zusammen wie Ali. «Er schien von der Voraussetzung auszugehen, dass es obszön sei, getroffen zu werden»[2], schrieb Norman Mailer. Wenn es überhaupt jemandem gelang, dem rohen, gewalttätigen Treiben im Boxring (das nicht viele als «Sport» zu akzeptieren bereit sind) einen Hauch von Anmut und Grazie, ja Magie zu verleihen, dann ihm. Selbst als Ali in der zweiten Karrierehälfte nicht mehr in der Lage war, seine Gegner vorzuführen und auszutanzen, brillierte er mit einem riskant-minimalistischen Defensivstil. Wie er George Foreman in Kinshasa 1974 überwältigte und in die Knie zwang, ist unvergessen.

Muhammad Alis Ausstrahlung zeigte sich aber nicht nur im Ring. Das Bekenntnis zu Elijah Muhammads und Malcolm X' Sekte Nation of Islam hätte ihm seine Boxkarriere ruinieren können; Ali ließ sich nicht beirren. Seine Weigerung, den Kriegsdienst in Vietnam als patriotische Pflicht zu akzeptieren – *I ain't got no quarrel with them Vietcong* –, hätte ihm fünf Jahre Gefängnis einbringen können; Ali blieb standhaft. Dafür zahlte er einen hohen Preis: Verlust des Weltmeistertitels, Berufsverbot, Verbannung aus der Boxszene für dreieinhalb Jahre. «Ali war der erste Schwarze in

19. November 1999: In Wien werden die Sportler des Jahrhunderts geehrt. V. l. n. r.: Annemarie Moser-Pröll, Alain Prost, Pelé, Dawn Fraser, Muhammad Ali, Carl Lewis, Mark Spitz, Nadia Comaneci und Jean-Claude Killy

Amerika, der mit dem weißen Establishment gebrochen und der das überlebt hat», bemerkte Andrew Young, der ehemalige UNO-Botschafter der USA und Bürgermeister von Atlanta.[3]

Muhammad Ali war nicht zuletzt ein Glücksfall für Schrift-steller und Journalisten, Filmemacher und Fotografen. Von den zahllosen Büchern über Ali halten nur wenige kritische Distanz; viele betreiben kaum mehr als retrospektive Legendenbildung. Aber es gibt eine Quelle, ohne die nur sehr wenig Substanzielles über Clay und Ali bekannt wäre: Thomas Hausers Maßstäbe set-zende (und von Ali autorisierte) biographische Studie «Muham-mad Ali. His Life and Times» (New York 1991). Auch wir haben Hausers materialreicher, akribischer Recherche viel zu verdanken.

Cassius Clay:
Eine Kindheit in Kentucky

LOUISVILLE SCHWARZ-WEISS

Ich war schon immer eine Attraktion,
seit ich gehen und reden konnte.

Cassius Marcellus Clay kam am 17. Januar 1942 im Central Hospital von Louisville als erstes Kind von Odessa Lee Grady und Cassius Marcellus Clay Sr. zur Welt. Der Säugling brachte bei seinem ersten Auftritt solide 2900 Gramm auf die Waage.

Nach dem Überfall der japanischen Luftstreitkräfte auf den amerikanischen Seestützpunkt Pearl Harbor und der Kriegserklärung der faschistischen Achsenmächte gegen die alliierte Anti-Hitler-Koalition vom 11. Dezember 1941 konnte niemand in den USA mehr die Augen vor der Tatsache verschließen, dass aus dem «europäischen Krieg» ein Weltkrieg geworden war.

Cassius Clay wuchs in einer zerrissenen Stadt auf. *Das schwarze Louisville bestand aus drei Stadtteilen: Der schlimmste ist East End, ein Viertel, das wir ‹Schlangenstadt› nennen; etwas besser ist das Viertel um die California; am dichtesten bevölkert ist West End, wo ich aufwuchs.*[4] Hier, weit entfernt vom schwarzen Slum Smoketown, besaß die Familie Clay in der Grand Avenue 3302 ein einstöckiges Haus mit vier Zimmern, das sie für 4500 Dollar erstanden hatte. Hier verlebten Cassius und der zwei Jahre jüngere Bruder Rudolph Arnette («Rudy») ihre Kindheit.

Obwohl Kentucky als Randstaat des alten Südens von dem in Alabama, Georgia oder Mississippi alltäglichen mörderischen Rassismus verschont blieb, herrschte auch hier strikte Rassentrennung. Louisville, eine Stadt mit gut einer viertel Million Einwohner, liegt nahe den Falls of the Ohio. Ihre Geschichte trägt Spuren einer bewegten Siedlungsvergangenheit: Indianer und französische Trapper, spanische Missionare und englische Kolonialbeamte gaben der Stadt ihr Gesicht. Reiseführer halten Louisville in

Cassius Clay (rechts) und sein Bruder Rudy vor ihrem Elternhaus in Louisville, Kentucky, 1962

vielfacher Hinsicht für erwähnenswert: als «Welthauptstadt» des Bourbon (50 Prozent der Weltproduktion werden in den Destillerien der Stadt gebrannt); als Austragungsort des Kentucky Derbys, das seit 1875 in den Churchill Downs stattfindet; als Heimat der University of Louisville, der ältesten kommunalen Hochschule der USA – und als Geburtsstadt eines der begnadetsten Boxer aller Zeiten.

Die herrschende Rassendoktrin spaltete die Stadt bis weit in die sechziger Jahre in schwarzes und weißes Territorium, in Freundesland und Feindesland, so, wie es der schwarze Schriftsteller Blyden Jackson beschrieben hat: Er habe «die verbotene Stadt, das Louisville, wo die Weißen lebten, nur durch einen Schleier wahrnehmen können. [...] Auf meiner Seite des Schleiers war alles schwarz: die Häuser, die Menschen, die Kirchen, die Schulen, der Negerpark mit der Negerparkpolizei. [...] Ich wusste, dass es zwei Louisvilles gab und in Amerika zwei Amerikas.»[5] Im Zentrum Louisvilles durften Schwarze nur in der Walnut Street zwischen

«Separate but equal»? Rassismus im Alltag

der Fifth und der Tenth Street einkaufen; der Chickasaw Park war schwarz, der Shawnee Park gemischt, alle übrigen weiß. Auch Geschäfte, Hotels und Kinos waren nach Rassen getrennt. In den Schulen begannen erste zaghafte Versuche von Rassenintegration, inspiriert vom legendären Prozess «Brown vs. Board of Education of Topeca» (1954), der die Legalität der «Separate but equal»-Doktrin von 1896 beendete und zur Initialzündung für den Beginn der schwarzen Bürgerrechtsbewegung in Montgomery wurde.[6]

Aber Rassendiskriminierung durch Segregation war Alltag – auch für die Clay-Kinder, wie Rudy beschreibt: «Als wir aufwuchsen, waren die einzigen Probleme, die Muhammad und ich mit den Weißen hatten, wenn wir uns in bestimmte Gegenden verirrten. Hielten wir uns an einer falschen Stelle auf, konnte es vorkommen, dass weiße Jungs mit einem Auto aufkreuzten und sagten: ‹Hey, Nigger, was habt ihr hier zu suchen?›»[7] Selbst in Abzählreimen haben sich die schwarz-weißen Koordinaten des Kinderalltags eingebrannt: «White, you're right / Light, you can fight / Brown, stand around / Black, stand back.»

Die vielleicht prägendste Erfahrung von rassistischer Gewalt, die Cassius Clay wie viele andere seiner Generation erlebte, war die barbarische Ermordung des vierzehnjährigen Emmett Till im Sommer 1955. Er hatte einer weißen Frau beim Verlassen eines Geschäftes ein übermütiges «Bye, Baby!» hinterhergerufen. Dieser Übermut kostete ihn das Leben. Drei Tage später wurde sein fürchterlich entstellter Leichnam aus den Fluten des Tallahatchie River geborgen. Emmetts Mutter ließ ihn öffentlich aufbahren – niemand sollte die Chance haben wegzusehen, und alle sollten wissen, dass selbst schwarze Kinder im amerikanischen Süden nicht vor Lynchmorden durch weiße Rassisten sicher waren.[8]

In klarem Kontrast zu den «Elendsbiographien» vieler schwarzer Boxer wie Floyd Patterson, Sonny Liston, Joe Frazier oder Mike Tyson kam Cassius Clay zwar aus bescheidenen, aber relativ behüteten und materiell abgesicherten familiären Verhältnissen. Damit muss man ihn aber nicht zu einem «Mittelschichtskind» stilisieren, wie Toni Morrison zu Recht anmerkt, die Mitte der siebziger Jahre beim New Yorker Verlag Random House Alis Autobiographie als Lektorin betreute: «Denn s c h w a r z e Mittelschicht, schwarze Mittelschicht im S ü d e n, das entspricht keineswegs dem, was man anderswo unter Mittelschicht versteht.»[9] Ali selbst drückte sich recht vorsichtig aus: Er habe *so etwas wie Armut* kennen gelernt; zur «schwarzen Mittelschicht» habe seine Familie aber erst gehört, *nachdem ich ihr mit meinen Einkünften einen anderen Lebensstil ermöglichen konnte.*[10] Odessa legte bei ihren Jungen Wert auf gute Manieren, saubere Kleidung und regelmäßigen sonntäglichen Kirchgang (sie war Baptistin, ihr Mann Methodist).

Sie besserte die Haushaltskasse auf, indem sie als Köchin und Putzhilfe in reichen Häusern Louisvilles arbeitete. Die eigene Familie kam dann schon einmal zu kurz: *Am Abend war sie manch-*

mal so müde, dass sie für uns nicht mehr kochen konnte.[11] Dass Clay Sr. in Louisville bekannt war wie ein bunter Hund, lag nicht nur an seinem Job als Schildermaler für Reklame- und Werbetafeln. Seine knallbunten, den Kitsch streifenden religiösen Wandgemälde und Fresken zierten auch so manche Kirche der Stadt.

Das hart verdiente Geld der Clays reichte meist nur für das Nötigste: Zwar musste niemand hungern, aber am Busgeld für den Schulweg wurde oft ebenso gespart wie an den notwendigen Reparaturen an Haus und Auto. Cassius und Rudy halfen ihrem Vater gelegentlich bei der Erledigung seiner Aufträge und übernahmen kleine Jobs: So schrubbte Cassius bei den Nonnen des Nazareth College den Boden der Bibliothek, um ein wenig Geld dazuzuverdienen. Schuhe und Kleider kamen hin und wieder von der Wohlfahrt, und neue Jeans waren so lange ein Problem, *bis mich ein paar Angehörige unserer Bande in die Geheimnisse des Ladendiebstahls einweihten.*[12]

Der tief in der amerikanischen Geschichte wurzelnde Stammbaum der Clays ist durch genealogische Forschungen präzise belegt. Als Clay sich nach dem Weltmeisterschaftskampf gegen Sonny Liston zu den Black Muslims bekannte und den Namen Muhammad Ali annahm, mühte er sich nach Kräften zu verdrängen, dass die weißen Anteile seiner Ahnenreihe nicht ausschließlich auf *Vergewaltigung und Schändung*[13] zurückgehen. Die unübersehbaren Anteile von «weißem Blut» in den Adern der Clays waren mit seinem ideologisch geprägten schwarzen Selbstbewusstsein dieser Jahre nur schwer in Einklang zu bringen. Clay Sr. dagegen war auf seinen Familiennamen zeitlebens stolz, ging er doch auf einen bedeutenden Vorfahren zurück, Cassius Marcellus Clay – einen hünenhaften Grundbesitzer aus Kentucky, der eine Farm samt vierzig Sklaven in dem Städtchen Foxtown in Madison County geerbt hatte.

Wir verdanken Jack Olsen nicht nur die genauesten Beschreibungen des Familienlebens der Clays, sondern auch ihrer Vorfahren Henry Clay («eine unglückliche und schwer verständliche Gestalt in der Geschichte Amerikas»[14]) und Cassius Marcellus Clay. Dieser schloss sich nach der Rückkehr aus dem Krieg gegen Mexiko (1846–1848), in dem er als Kommandeur eine Einheit geführt hatte, der Bewegung der Abolitionisten an, deren Ziel die Abschaffung der Sklaverei in den Vereinigten Staaten und Großbritannien war. In Lexington gab er die Anti-Sklaverei-Zeitung «The True American» heraus. Als einer der ersten weißen Grundbesitzer Kentuckys entließ er schwarze Familien aus der Sklaverei. Berühmt waren seine öffentlichen Auftritte, bei denen er beherzt die Bibel, die Staatsverfassung, zwei Pistolen und ein Bowiemesser als Argumente auf dem Rednerpult bei sich führte.[15]

Alis vier Urgroßeltern väterlicherseits wurden in den Volkszählungslisten von Kentucky als «freie Farbige» geführt.

Dass die hellhäutige Odessa auch weiße Vorfahren hatte, war offensichtlich. «Einer von Odessa Lee Gradys Großvätern war Tom Moorehead, der Sohn eines Weißen und einer Sklavin namens Dinah. Ihr anderer Großvater war ein Weißer – Abe Grady, ein irischer Einwanderer aus County Clare, der eine Schwarze heiratete; deren Sohn heiratete ebenfalls eine Schwarze, und eine ihrer Töchter war Odessa.»[16]

Bird und Cash

Bei aller ihm innewohnenden Unruhe und Umtriebigkeit war Muhammad Ali ein Mensch mit ausgeprägten familiären Bindungen. Vor allem zu seiner Mutter Odessa, die er «Bird» nannte, hatte er ein enges, äußerst emotionales Verhältnis. *Sie ist eine süße, rundliche, wundervolle Frau, die gerne kocht, isst und näht. Sie trinkt und raucht nicht, mischt sich nie in die Angelegenheiten anderer Menschen ein und fällt niemandem zur Last. Es gibt niemanden, der in meinem ganzen Leben so gut zu mir war.*[17] Die ungewöhnlich herzliche Mutter-Sohn-Bindung hielt ein Leben lang. Einen Teil ihrer letzten Lebensjahre verbrachte Odessa im Hause ihres Sohnes.

Der junge Cassius war in seiner charakterlichen Prägung ein typisches «Mischkind»; seine Eltern waren verschieden wie Erde und Feuer. Die Leichtigkeit, Freundlichkeit und Großzügigkeit kam von Odessas Seite. Von «Cash», seinem Vater, hatte er das Flatterhafte, Prahlerische und das Unbändige, aber auch den Ehrgeiz, den unbedingten Willen, etwas Großes aus seinem Leben zu machen und sich ständig zu inszenieren. Bird steht für die hellen, Cash für die dunklen Seiten seines Charakters.

In seiner Autobiographie beschreibt er seinen Vater, ganz im Stil des braven Sohns, als liebenswürdigen, freundlichen und ungemein kreativen Menschen. Aber alle, die Ali besser kannten, wussten, wie sehr ihn das komplizierte und mit den Jahren immer schlechter werdende Verhältnis zu seinem Vater belastete. «In vieler Hinsicht ist Muhammad, so brillant und charmant er auch ist, noch immer ein Jugendlicher. Da liegen viele Schmerzen begraben. Und obwohl er immer versucht hat, sie zu verdrängen, sie aus dem Kopf zu kriegen, rührt viel von diesen Schmerzen von seinem Vater, dem Trinken, der Gewalt, den Tiraden.»[18] Schillernd und unberechenbar präsentierte sich Cassius Marcellus Clay Sr. seiner Familie und seiner Umwelt, ein Vulkan von einem Mann. Quecksilbrig und sprunghaft, geschwätzig bis weit jenseits der Schmerzgrenze, ein verhinderter Großkünstler, der zukünftige Chairman von Clay's Enterprises und anderer weltumspannender Unternehmungen, ein Traumtänzer und Aufschneider. Mal verwies er auf seine hinduistische, mal auf seine arabische oder mexikanische Periode – eine illustre Ahnengalerie.[19] Und nicht zuletzt war er ein stadtbekannter Schürzenjäger: *Mein Vater ist ein ausgemachter Gockel, er war schon siebenundfünfzig Jahre alt und noch immer verrückt nach Mädchen. [...] Mein Vater ist ein Playboy.*[20]

Unter Alkoholeinfluss neigte er zu Gewalttätigkeiten, auch gegenüber Odessa. Mehrfach musste die Polizei gerufen werden, weil Clay Sr. «die Hand ausgerutscht» war. Ansonsten waren es Bagatelldelikte, die seine Intimfeindschaft gegenüber der uniformierten Staatsgewalt begründeten: unbotmäßiges Auftreten in der Öffentlichkeit (in alkoholisiertem Zustand sah sich der alte Clay als begnadeter Interpret amerikanischen Liedguts), rücksichtsloses Fahren und Trunkenheit am Steuer, Nichtbeachtung gebührenpflichtiger Verwarnungen, Widerstand gegen die Staatsgewalt.[21]

Alis Abneigung gegen seinen Vater ging so tief, dass er gegen dessen ausdrücklichen Willen die Trennung seiner Eltern betrieb. Im September 1975 – in jenem Jahr, als seine Autobiographie *The Greatest* erschien – wurden Odessa Grady und Cassius Clay Sr. nach 38 Jahren Ehe geschieden. In den folgenden Jahren sah man die beiden noch gelegentlich zusammen bei Kämpfen ihres Sohnes. Um Cash finanziell zu entlasten, sicherte Ali zu, lebenslang für seine Mutter zu sorgen.[22]

Zur ambivalenten familiären Sozialisation des jungen Cassius gesellte sich ein gespaltenes Verhältnis zu allem, was mit schulischem Lernen zu tun hatte. Hier ist nicht die Rede vom «Drama des begabten Kindes», sondern vielmehr von dem bemerkenswerten Bildungsweg eines aufgeweckten, aber schulunwilligen Kindes: zunächst Besuch der Virginia Avenue School, einer Grundschule in seiner Heimatstadt. Nach Beendigung der 9. Klasse der DuValle Junior High School wechselt Cassius Clay am 4. September 1957 in die 10. Klasse der Central High School in Louisville. Dort machte er am 11. Juni 1960 seinen High-School-Abschluss: als 376. von 391 Schülern. Zwischen der 9. und 12. Klasse lag sein Notendurchschnitt tief im unteren Fünftel der Skala.[23]

Nur seinen beeindruckenden außerschulischen Ambitionen hatte es Cassius zu verdanken, dass er trotz teilweise katastrophaler Leistungen den Abschluss machen konnte. Während andere Schüler lernten, Unfug machten oder sich den Freuden und Leiden der Pubertät hingaben, war Cassius ständig unterwegs. Denn «fairerweise muss gesagt werden, dass Clay schon als Teenager wie ein Profi trainierte»[24]. Im Alter von achtzehn Jahren hatte er schon eine Amateurkarriere der Extraklasse hinter sich. Und so war der talentierte Nachwuchsboxer zwar kein Muster-, aber ein Lieblingsschüler des Schulleiters an der Central High School: Atwood Wilson hatte geradezu einen Narren an dem prahlerischen, aber charmanten Jungen gefressen, der wie ein Irrwisch schattenboxend durch die Flure tänzelte, Jabs und Uppercuts abfeuerte und sich lauthals als «der Größte aller Zeiten» anpries. Als einige Lehrer Cassius das Abschlusszeugnis verweigern wollten, stand Wilson auf und hielt aus dem Stegreif seine berühmte, viel zitierte Rede: «Eines Tages wird unser größter Anspruch auf Ruhm der sein, dass wir Cassius Clay kannten und unterrichteten. […] Glauben Sie, ich will der Rektor einer Schule sein, die Cassius Clay nicht beendet hat? Der wird an einem Abend mehr Geld verdienen als der Rektor und alle Lehrer in einem Jahr […].»[25]

Rom 1960 – die Reifeprüfung

Boxing kept me out of trouble.

Vieles, was wir über die frühen Jahre von Cassius Clay wissen – die Familienverhältnisse, seinen schulischen Bildungsweg –, basiert auf einer Ansammlung von Episoden und Anekdoten, die alle mehr oder weniger belegbar sind: Lebenszeugnisse in der Grauzone zwischen halb gesicherten Fakten und Legendenbildung. Dagegen ist das eher profane Ereignis, das den Anfang seiner einzigartigen Boxkarriere markiert, biographisch gesichert, ein Schöpfungsmythos, der «zudem den Vorteil [hat], wahr zu sein» [26].

An einem Oktobertag des Jahres 1954, Cassius war zwölf Jahre alt, radelten er und Johnny Willis, sein bester Freund, zum Columbus Auditorium, wo die Louisville Home Show, ein Basar der schwarzen Händler der Stadt, mit ihren Attraktionen lockte. Wie Hunderte anderer Kinder wurden sie magisch von Popcorn, Eis und Candy angezogen, die dort kostenlos angeboten wurden. Cassius war mit seinem nagelneuen rot-weißen Schwinn-Rad unterwegs, auf das er so stolz war. Als die Jungen sich wieder auf den Heimweg machen wollten, war das Fahrrad verschwunden. Clay, rasend vor Wut und den Tränen nahe, wandte sich an den Polizisten Joe Martin, der im Untergeschoss des Columbus Auditorium Jugendlichen das Boxen beibrachte. Resolut forderte Cassius, eine landesweite Großfahndung nach seinem Rad einzuleiten. Den Dieb werde er persönlich windelweich prügeln. [27]

Nachdem Cassius sich ausgeheult hatte, erhielt er von Martin umgehend seine erste Lektion: Es sei besser, «etwas vom Boxen zu verstehen, bevor man losgeht, um jemanden zu verprügeln» [28]. Rad und Dieb blieben verschwunden. Aber was wäre der Welt vorenthalten geblieben, hätte man den Langfinger samt Diebesgut gefasst?

Boxen als Lebenstraum

Seit jenem Tag im Oktober 1954 zählte Cassius zu Joe Martins Boxschülern im Trainingszentrum in der South Fourth Street. Hier machte er seine Sache von Anfang an offensichtlich so gut, dass er bereits nach wenigen Wochen seinen ersten Amateurkampf be-

stritt. Er und der gleichaltrige Ronnie O'Keefe schlugen mit Feuer-
eifer und 14-Unzen-Handschuhen aufeinander ein. Cassius scheint
einige Schwinger mehr gelandet zu haben, jedenfalls wurde er
zum Sieger erklärt. Bei der Urteilsverkündung erklärte er den ver-
dutzten Zuschauern, er sei «der Größte», dem Rest der Welt werde
er es bald zeigen. Dabei konnte er laut Joe Martin anfangs «einen
linken Haken nicht von einem Tritt in den Hintern unterscheiden»[29].

Bemerkenswert an Cassius' Ringdebüt war, dass der Kampf im
Rahmen von «Tomorrow's Champions», einer Sendung über den
Boxnachwuchs in Louisville, im Lokalsender WAVE-TV gezeigt
wurde. Schon damals wusste er in eigener Sache die Werbetrom-
mel zu rühren. Er klapperte seine Fangemeinde in der Nachbar-
schaft ab und verkündete, *er werde jemanden am Bildschirm ordent-
lich ‹aufmischen›*[30].

Cassius Clay stand im Ring, und er war vom ersten Moment
an «voll da». Joe Martin brauchte von Cassius' großer Begabung
nicht lange überzeugt zu werden. Schnelle Beine, noch schnellere
Reflexe, Mut – und eine Selbstsicherheit, die irgendwo zwischen
Sendungsbewusstsein und Größenwahn lag. Boxen war für ihn

kein Hobby, keine Freizeit, kein Sport. Boxen war sein Leben. «Seit seinem zwölften Lebensjahr arbeitete er wie ein Kuli, um die beste Kampfmaschine seiner Epoche aus sich zu machen.» [31]

Er verschrieb sich mit Haut und Haar dem Boxen, allen altersgemäßen Anfechtungen zum Trotz. Kein Herumhängen, keine Zigaretten, kein Alkohol, keine Mädchen. Stattdessen tägliche Dauerläufe, exzessives Training im Columbia Gym – und ein regelrechter Ernährungstick: Zum Frühstück gab es eine Eigenkreation, einen Liter Milch mit zwei rohen Eiern, und tagsüber hatte er immer eine Flasche Wasser mit Knoblauch dabei. Oft trug er ein T-Shirt mit der Aufschrift «World Champion» – sein Lebenstraum und seine Botschaft für jedermann.

Clays Boxstil musste Puristen zur Verzweiflung bringen. Aber dass er mutig, clever und draufgängerisch war, sahen selbst die strengsten Kritiker. Schon als jugendlicher Boxer agierte er kühl und beherrscht wie kaum ein anderer. Gerade in heiklen Situationen zeigte sich seine mentale Stärke. Joe Martin: «Cassius wusste genau, wie er zu kämpfen hatte, wenn es hart wurde. Nie geriet er in Panik oder vergaß, was ich ihm beigebracht habe. Wurde er schwer getroffen, schlug er nicht wild um sich, wie es manche Jungen tun. Er steckte den Treffer weg und fing an, sich aus dem Schlamassel herauszuboxen, wie ich es ihm beigebracht hatte.»[32]

Joe Martin war nicht der Einzige, der sich um Clays boxerischen Feinschliff kümmerte. Fred Stoner, *ein schmächtiger, stiller, dunkelhäutiger Mann*[33], hatte im Grace Community Center seine Boxschüler um sich geschart. Es ist schwer zu beurteilen, welchen Anteil Martin und Stoner jeweils an der Ausbildung und Entwicklung ihres größten Talents hatten. Offenbar herrschte zwischen beiden Boxzirkeln in Louisville ein scharfes Konkurrenzverhältnis. Martin hat wohl versucht, den Kontakt Cassius' zu Stoner zu unterbinden («Entweder du lässt Stoner fallen, oder ich lasse dich fallen»[34]), aber sein Musterschüler ließ sich nicht beirren und trainierte weiterhin auch bei Stoner. *Bei Martin wurde nichts weiter verlangt als Sandsackboxen, Seilhüpfen, in den Ring springen und aufeinander losdreschen. Meine Anfänge als Boxer und die frühe Entwicklung meiner Kenntnisse werden immer wieder Joe Martin zugeschrieben. Doch mein Stil, mein Stehvermögen und mein System wurden im Keller einer Kirche im East End geprägt.*[35]

Sein Vater hätte es wohl lieber gesehen, wenn er sich gegen Martin entschieden hätte. Dieser hatte für Clay Jr. einen Teil der Vaterrolle übernommen, die Clay Sr. nicht hat ausfüllen können oder wollen. Entsprechend allergisch reagierte Cassius' Vater auf seinen Konkurrenten: ein weißer Polizist, Repräsentant der uniformierten Staatsmacht, als wichtigste Bezugsperson seines Ältesten – welche Katastrophe! «Du musst immer auf diesen Bullen aufpassen»[36], riet er seinem Sohn.

Der siebzehnjährige Cassius Clay (links) mit seinem Box-kameraden Johnny Hampton, 1959

Im Februar 1957 traf Clay seinen späteren Trainer Angelo Dundee zum ersten Mal, der den Halbschwergewichtler Willie Pastrano in Louisville auf den Kampf gegen John Holman vorbereitete. Die Rezeption des Hotels stellte Dundee einen Anruf auf sein Zimmer durch, und eine junge, selbstbewusst klingende Stimme redete munter drauflos: «Mr. Dundee, mein Name ist Cassius Clay, ich bin der Golden-Gloves-Champion von Louisville, Kentucky…», und zählte mehrere andere Titel auf, die er in den kommenden Jahren zu erobern gedenke. Begleitet von seinem Bruder Rudy, stand er kurz darauf in Dundees Zimmer. Rudy schwieg, und Cassius «redete dreieinhalb Stunden auf uns ein. [...] ‹Wie viele Meilen laufen deine Boxer? Warum laufen sie? Was essen sie? Essen sie ein-, zwei- oder dreimal täglich? Was tun sie vor einem Kampf? Wie lange halten sie sich von ihren Frauen fern?› Er wollte jede nur denkbare Kleinigkeit über das Boxen wissen.»[37] 1959 war Dundee erneut in Louisville, und dieses Mal lag Clay ihm so lange mit der Bitte in den Ohren, einige Sparringsrunden mit Willie Pastrano boxen zu dürfen, bis er entnervt zustimmte. Dundee glaubte seinen Augen nicht trauen zu dürfen: Der Amateur aus Louisville ließ den Profi aus Miami so schlecht aussehen, dass dieser das Sparring kurzerhand abbrach. «Der hat mir den Arsch total versohlt», bemerkte Pastrano anerkennend.[38] Cassius Clay hatte seine Visitenkarte abgegeben.

In der zweiten Hälfte der fünfziger Jahre gelangte der noch wachsende Jugendliche über das Leicht-, Welter- und Mittelgewicht in die Halbschwergewichtsklasse. Sechsmal gewann er das Kentucky Golden Gloves Championship und je zweimal den Titel der National Amateur Athletic Union (AAU) und des National Golden Gloves Tournament. Seine Kampfbilanz als Amateur ist beeindruckend: Von den insgesamt 108 Kämpfen verlor er nur acht. Nur einmal ging er wirklich k. o., beim Sparring mit dem späteren Weltergewichtsprofi Willie Moran.

Einmal Rom und zurück

Joe Martin musste seine ganze Autorität einsetzen, um Cassius die Flausen eines frühen Wechsels ins Profilager auszureden. Stattdessen wurden als nächstes Ziel die Olympischen Sommerspiele 1960 in Rom angepeilt.[39]

Als AAU-Meister war Clay automatisch für die Olympiaausscheidung der US-Boxer im Cow Palace in San Francisco qualifiziert. Durch einen hart umkämpften Finalsieg gegen den US-Army-Champion Allan Hudson hatte Clay zwar sein Olympiaticket gelöst[40] – in Rom war er damit aber noch lange nicht. Noch nie zuvor hatte Cassius, der unter panischer Flugangst litt, die USA verlassen. Alle Inlandsreisen hatte er per Bus, Bahn oder Auto bewältigt. Joe Martin, der ihn wegen familiärer Verpflichtungen nicht als Trainer nach Italien begleiten konnte, redete bei einem Spaziergang im Central Park von Louisville stundenlang auf seinen furchtsamen Schützling ein, der lieber nach Rom gelaufen oder gerudert wäre. Alles, nur nicht fliegen: *Etwas Gutes kann man einem Bus, der eine Panne hat, nachsagen: Er fällt wenigstens nicht aus tausend Meter Höhe herunter.*[41] Joe Martin Jr. erzählte Jahre später einem Journalisten des «Louisville Courier-Journal» eine Geschichte, die, wenn sie nicht wahr, zumindest wunderbar erfunden war: «Schließlich willigte er ein [zu fliegen]. Aber dann ging er in ein Armeeausrüstungsgeschäft und kaufte sich einen Fallschirm, den er dann tatsächlich auch im Flugzeug trug. Es war ein ziemlich rauer Flug, und er kniete im Gang und betete, den Fallschirm auf dem Rücken.»[42] Beglückt, noch am Leben zu sein und wieder festen Boden unter den Füßen zu haben, bezauberte er bei seinen Streifzügen durchs Olympische Dorf alle durch seinen Charme und seine Unbekümmertheit. In der «Ewigen Stadt» führte Clay sich auf wie ein Kind im Märchenland, strahlend, unbeschwert, staunend.

Märchenhaft verlief auch das Turnier im Palazzo dello Sport. Im Halbschwergewicht gewann er seine Vorkämpfe gegen den Belgier Yvon Becaus, den Russen Gennadily Shatkow und den Australier Tony Madigan ohne große Mühe. Seinen damaligen Kampfstil beschrieb er so: *Ich schlage einen Gegner gern mit zwei schnellen Linken, einer rechten Geraden und dann einem schweren linken Haken. Wenn er danach noch auf den Füßen steht – und wenn es nicht der Ringrichter ist, der ihn aufrecht hält –, mache ich, dass ich fortkomme.*[43] Fluchtgedanken brauchte er in Rom nicht zu hegen. Im Finale des olympischen Turniers traf er auf den Polen Zbigniew Pietrzykowski, *einen mit fünfzehn Buchstaben in seinem Namen*[44]. Acht Jahre älter und mit mehr als 230 Kämpfen ungleich erfahrener, zählte er zu den weltweit erfolgreichsten Amateuren seiner Klasse (Bronze 1956 in Melbourne und 1964 in Tokio). Clay hatte bis in die zweite Runde große Mühe, sich auf den Linkshänder einzustellen. In der dritten, «der blutigsten Runde der Olympischen Spiele» («Sports Illustrated»), machte er dann kurzen Prozess: Pietrzykowski, schwer gezeichnet, praktisch verteidigungsunfähig, entging nur knapp einem K. o. Der einstimmige Punktsieg machte Clay zum Olympiasieger im Halbschwergewicht.

5. September 1960: Cassius Clay gewinnt bei den Olympischen Spielen in Rom die Goldmedaille im Kampf gegen Zbigniew Pietrzykowski.

Wenige Tage später kehrte er mit der amerikanischen Olympiamannschaft nach New York zurück. Sein ganzer Stolz und ständiger Begleiter: die Goldmedaille. Seine Mannschaftskameradin, die Sprinterin Wilma Rudolph, erinnert sich: «Er schlief damit. [...] Nie nahm er sie ab. Keinem war sie so wertvoll wie ihm.»[45]

In Louisville wurde er vom Bürgermeister und mehreren hundert Fans begeistert in Empfang genommen. Seinen Erfolg von Rom hatte der Olympiasieger bereits poetisch verdichtet, und er erwärmte mit patriotischen Knittelversen die Herzen seiner amerikanischen Bewunderer:

How Cassius Took Rome

To make America the greatest is my goal / So I beat the Russian and I beat the Pole, / And for the USA won the medal of Gold. / Italians said, ‹ You're greater than Cassius of Old ...›[46]

Seinen Landsleuten dürfte die Pose arroganter Herablassung gefallen haben, mit der er einen sowjetischen Reporter in Rom abblitzen ließ, der ihm ein kämpferisches Statement zur Rassendiskriminierung in den Vereinigten Staaten entlocken wollte: *Sagen Sie Ihren Lesern, dass wir qualifizierte Leute haben, die an diesem Problem arbeiten, und dass ich mir über das Ergebnis keine Sorgen mache. Für mich sind die USA noch immer das beste Land der Welt, einschließlich dem Ihren. Auch wenn es manchmal schwierig ist, genug zu essen zu bekommen, kämpfe ich doch nicht gegen Alligatoren und wohne auch nicht in einer Lehmhütte.*[47] Und feixend fügte er hinzu: *Wahrscheinlich hat der Russe gesagt: ‹Das ist aber ein blöder Nigger.›*[48]

Über den Verbleib seiner Goldmedaille ist später viel spekuliert worden. Bis heute gehört die in seiner Autobiographie kolportierte Anekdote zum unausrottbaren Inventar der Ali-Mythologie, der zufolge er das gute Stück in hohem Bogen von der Jefferson-County-Brücke in die Fluten des Ohio geworfen hat – aus Zorn darüber, als Schwarzer in einem Imbiss nicht bedient und von einer weißen Motorradgang bedroht worden zu sein. Ali hat den Wahrheitsgehalt dieser Geschichte bereits beim Erscheinen seiner Autobiographie 1975 bestritten.[49] Seinem späteren Biographen Davis Miller verriet er des Rätsels triviale Lösung: *Hab meine Medaille nie von irgendeiner Brücke geworfen. Hab sie einfach verloren, das ist alles. [...] Maannn, das war nur eine Geschichte, die ich erfunden hab. Ich weiß, was man anstellen muss, um eine Story zu verkaufen.*[50]

Wo immer Clays olympisches Edelmetall auch abgeblieben sein mag: Das Internationale Olympische Komitee (IOC) hatte von dieser Geschichte erfahren und nutzte sie geschickt für PR in eigener Sache. IOC-Generalsekretär Juan Antonio Samaranch überreichte Muhammad Ali anlässlich der Eröffnung der Olympischen Sommerspiele 1996 in Atlanta eine neue Goldmedaille.

Die Louisville Sponsoring Group

I want to box like Sugar Ray Robinson.
Sugar Ray's my man!

Dass ein Boxer mit Clays Talent, Charisma und seiner Lust an publikumswirksamer Selbstinszenierung nach dem Olympiatriumph ins Profigeschäft drängen würde, lag auf der Hand. Einige Jahre früher wäre er mit einiger Sicherheit auf der Gehaltsliste der lokalen Boxmafia gelandet. Die Familie Clay schaltete Alberta Jones als Rechtsbeistand ein, die mit dem Anwalt des Millionärs Billy Reynolds, Vorstandsmitglied der Reynolds Metal Co., die Details eines Sponsorenvertrags ausarbeitete. Der Kontrakt lag unterschriftsreif vor, als Clay Sr. den Deal platzen ließ. Stein des Anstoßes war Joe Martin, der Entdecker und Förderer seines Sohnes, der im Vertrag auch weiterhin als Trainer vorgesehen war: «Kein Amateurtrainer Martin für den Profiboxer Clay!» Uniformierte im Allgemeinen und weiße Polizisten im Besonderen wirkten auf Clays Vater wie ein rotes Tuch.

Mit dem Ausbooten des gutmütigen Joe Martin schlug die Stunde einer Gruppe von Männern, die anstelle des Aluminiummagnaten Reynolds in das Geschäft einstiegen und als The Louisville Sponsoring Group Boxgeschichte schrieben. Etwas Besseres konnte einem Boxtalent in jenen finsteren Zeiten nicht passieren, als Unterweltgrößen wie Frankie Carbo, Blinky Palermo und John F. Vitale mit Geld und Gewalt die Regularien des Profiboxsports bestimmten.

William Faversham Jr., ein ehemaliger Investmentberater, brachte den Honoratiorenclub als Sponsorenpool zusammen. In der Louisville Sponsoring Group waren alle strategischen Aktivposten von Handel und Wandel in Louisville vertreten: Bourbon, Tabak, Stahl, öffentlicher Verkehr, Banken, Kommunikation (lokale Radio- und TV-Ableger von NBC und CBS) und nicht zuletzt die Printmedien: Robert Worth Binghams Vater besaß mit «The Louisville Courier-Journal» und «The Louisville Times» die beiden großen Zeitungen der Stadt, in Zeiten strikter rassischer Segregation wahre Bollwerke des Liberalismus in Kentucky.

Die Vertragskonditionen waren fair: a) 10000 Dollar Bonus-

Cassius Clay unterzeichnet seinen Vertrag
mit der Louisville Sponsoring Group. Links seine Eltern

zahlung an Clay bei Vertragsabschluss; b) garantiertes jährliches
Minimum von 4000 Dollar (für zwei Jahre) bzw. 6000 Dollar (für
die nächsten vier Jahre); c) Teilung sämtlicher Einkünfte in den
ersten vier Jahren der Vertragslaufzeit im Verhältnis von 50:50, danach von 60:40 zugunsten von Clay; d) Übernahme sämtlicher an-
fallender Kosten (für Trainer und Training, Reisen, Unterbringung, Spesen) durch die Louisville Sponsoring Group; e) Anlage
von 15 Prozent aller Erlöse in einem Pensionsfonds, auf den Clay
frühestens im Alter von 35 Jahren (bzw. nach Beendigung seiner
Karriere) Zugriff haben würde.[51]

Vom Sponsorenvertrag profitierten beide Seiten. Für die gut
betuchten Sponsoren war ihr Engagement, je nach Sicht der
Dinge, ein amüsanter Zeitvertreib, großbürgerliches «cultural in-
vestment» oder eine Miniinvestition mit der Hoffnung auf eine
passable Rendite; ob sie in ein Rennpferd oder einen Preisboxer in-
vestierten, machte für sie keinen Unterschied. Für Cassius Clays
hochfliegende Ambitionen bedeutete der Kontrakt Startkapital,

die Absicherung solider Trainingsbedingungen, professionelles Marketing jenseits der Einflusssphäre der Mafia und ein Stück Zukunftssicherung. Angelo Dundee: «In all meinen Trainerjahren hatte ich niemals einen Boxer, dem je eine solche Chance gegeben wurde.» [52]

Am 29. Oktober 1960, wenige Tage nach der Vertragsunterzeichnung, gab Clay sein Profidebüt in der Schwergewichtsklasse vor 6000 Zuschauern in der Freedom Hall in Louisville. Sein Gegner war Tunney Hunsaker, in seinem regulären Beruf Polizeichef von Fayetteville, West Virginia. Hunsaker – groß, ungeschlacht und schwerfällig – hatte in dem auf sechs Runden angesetzten Kampf gegen den Neuprofi nicht den Hauch einer Chance. Und doch ziert sein Name jede Boxchronik: als der Erste, der von Clay auf dem Weg zum ersehnten WM-Titel aus dem Weg geräumt wurde.

Faversham war überzeugt, dass nur ein erfahrener Trainer ihrem Schützling den letzten Schliff zum Weltklasseboxer geben konnte. Die Wahl fiel auf ein lebendes Boxdenkmal, Archie Moore, den amtierenden Weltmeister im Halbschwergewicht, der mit 47 Jahren immer noch im Ring stand. Moore leitete das Trainingscamp Salt Mine in den Bergen von Ramona, 35 Meilen von San Diego entfernt. Er war bekannt für eine saubere, disziplinierte Trainingsarbeit – und für sein ausgeprägtes Faible für Symbole und Rituale. Im Camp lagen über das ganze Gelände verstreut riesige, grob behauene Felsblöcke mit den Namen legendärer Boxer wie Jack Dempsey und Joe Louis, Rocky Marciano und Sugar Ray Robinson. Nichts imponierte dem jungen Clay an Archies Trainingslager so sehr wie diese steinerne Ahnengalerie. (Später, in seinem eigenen Camp in Deer Lake, hat er diese Idee übernommen – eine späte Verbeugung vor seinem Lehrmeister.)

Rasch zeigte sich, dass Moore und Clay nicht füreinander geschaffen waren. Während der Boxveteran das junge Talent zu einem «real power puncher», zu einem hart schlagenden Fighter, ausbilden wollte, verweigerte sich Clay der boxerischen Ökonomie seines Lehrmeisters, jenem minimalistischen Stil, der es Moore ermöglichte, sich zwei Jahrzehnte in der Weltspitze zu halten. Sein Vorbild, beharrte Clay, sei nicht Archie Moore, sondern Sugar Ray Robinson, der Inbegriff von boxerischer Ästhetik.

Vielleicht scheiterte das Trainer-Schüler-Verhältnis auch nur am rigiden Küchenregiment in Salt Mine: Kochen, Abwaschen, Putzen waren Pflicht. Archie Moore blieb nach wenigen Wochen nur die Kapitulation. Des Widerspenstigen Zähmung war misslungen.

Der Entscheidung gegen Archie Moore folgte das Engagement Angelo Dundees als Clays Trainer: Harry Markson, im New Yorker Madison Square Garden verantwortlich für die Boxevents, hatte ihn der Louisville Sponsoring Group ebenso empfohlen wie Lester Malitz, der TV-Produzent der traditionsreichen Mittwochabend-Boxkämpfe. Am 19. Dezember 1960 begann das gemeinsame Training im Fifth Street Gym in Miami. Von Clays zweitem Profikampf gegen Herb Siler bis zu Alis einundsechzigstem und letztem Auftritt gegen Trevor Berbick 1981 in Nassau stand ihm Dundee als Trainer, Ratgeber und Freund zur Seite. Mehr als zwanzig Jahre lang – im Berufsboxen eine Ewigkeit.

Angelo Dundee, 1922 in South Philadelphia als zweitjüngstes Kind einer kalabrischen Einwandererfamilie geboren, hieß ursprünglich Angelo Mirena Jr. Erst 1952 nahm er den Namen Dundee an. Protegiert von seinem Bruder Chris, einem Promoter von Box- und Wrestlingveranstaltungen, gelang es Dundee, sich in Miamis Fifth Street Gym, einer heruntergekommenen Turnhalle an der Washington Avenue Ecke Fifth Street, als Boxtrainer zu etablieren. Psychologisches Gespür, taktische Finesse und präzises Agieren in der Ringecke haben ihn zu einem der bedeutendsten Trainer der Boxgeschichte gemacht.

Der Neuzugang aus Louisville wurde im Hotel Mary Elizabeth im Schwarzenviertel Miamis einquartiert. Trainieren und kämpfen, kämpfen und trainieren – das war alles, was Clay wollte. Gegen die Versuchungen seiner neuen Umgebung schien er völlig immun zu sein; das Flanieren durch Miamis sündige Viertel: ein unschuldiges Vergnügen. Es war die Phase, die Wilfrid Sheed als Clays «schüchternen und fohlenhaften Start bei den Mädchen» beschrieben hat.[53]

Wie kein anderer beherrschte Dundee die Kunst der sanften Einwirkung und des indirekten Coachings. «[Alis] Fähigkeiten und seine natürliche Veranlagung waren großartig», erinnert sich Dundee. «Was ein Boxer von Natur aus hat, kann man nicht verbessern. [...] Man glättet es, aber man pfuscht nicht daran herum.»[54] War er der Ansicht, Clays Uppercuts müssten schärfer am Körper des Gegners hochgerissen werden, lobte er ihn nach dem

Cassius Clay
im Fifth Street
Gym, Miami,
1961

Training exakt für diesen Schlag, den er noch gar nicht beherrschte. Nun konnte er sicher sein, dass Cassius verbissen am Uppercut
arbeiten würde. Entscheidend war, ihm das Gefühl zu geben, er
selbst sei auf all diese Sachen verfallen: «Make him feel he was
the guy» – an diesem psychologischen Trick zeigte sich Dundees
geniales Gespür als Trainer. Und so gelang ihm fast spielerisch,
woran Archie Moore gescheitert war – an Clays Schwächen ziel-
strebig zu arbeiten, ohne seine Stärken zu beschneiden.

Wie weit Cassius Clay in seiner boxerischen Entwicklung bereits war, konnte auch Ingemar Johansson am eigenen Leib erfahren. Der Ex-Champion hielt sich in Florida auf, um sich auf seinen
WM-Rückkampf gegen Patterson vorzubereiten. Harold Conrad,
der diesen Kampf promotete, schickte den schwerfälligen, aber

schlagstarken Schweden für einige Sparringsrunden gegen Dundees Newcomer in den Ring. Nach zwei Runden war Johansson mit seiner Kraft und seinen Nerven am Ende. Gil Rogin von «Sports Illustrated» war Zeuge dieser Demontage: «Hier war ein Mann, eigentlich noch ein Junge mit gerade einmal vier Profikämpfen, und der blamierte Johansson nach Strich und Faden. So etwas hatte ich bis dahin noch nie erlebt [...].»[55] Zurück in New York, erklärte der Boxkenner den Herausgebern seines Blattes, er habe den zukünftigen Weltmeister im Schwergewicht gesehen.

Am 26. Juni 1961 wartete mit dem Hawaiianer Duke Sabadong der erste Gegner von Rang auf Cassius Clay. Sabadong, 1,95 Meter groß und 226 Pfund schwer, war ungeheuer hart im Nehmen, und er ging tatsächlich über die volle Distanz von zehn Runden. Wichtiger als dieses Kräftemessen in Las Vegas sollte für Clay aber die Begegnung mit Gorgeous George werden, nach eigener Ansicht «der größte Wrestler aller Zeiten»: ein Meister in der Technik, andere Muskelprotze spektakulär durch die Luft segeln und aufs Kreuz krachen zu lassen, ein Großmeister in der Kunst der aggressiven Selbstvermarktung. Drohungen, seine Gegner zu vierteilen, oder andere Späße gehörten zu seinem Standardrepertoire und bescherten den Veranstaltern volle Hallen und Kassen.

Das rhetorische Ballyhoo hatte Clay schon vor Gorgeous George beherrscht; sein Spitzname «The Louisville Lip» kam nicht von ungefähr. Aber erst nach dieser Begegnung der besonderen Art begann er, seine Umgebung mit jener spezifischen Mischung aus Humor und Hysterie, Witz und Wahn zu traktieren: *Eines Tages werden sie nicht umhinkönnen, mein Geburtshaus zu einer nationalen Wallfahrtsstätte zu erklären.* Oder: *Ich besitze die Größe, die Reichweite, die Masse, die Kraft, die Schnelligkeit, den Mut, die Ausdauer und das naturgegebene Talent, das mich groß macht. Das heißt: Um mich zu schlagen, müsste man schon größer als groß sein.*[56] Clay bei seinen gewagten Einlassungen über Gott und die Welt, seine Gegner und sich selbst zu erleben, ihm zuzuhören und zuzusehen, wie er all seine gestischen, mimischen und deklamatorischen Talente ausspielte – das war ein großes Vergnügen. «Damals, als er noch frisch und unverbraucht war, war jede Minute mit ihm aufregend. Und selbst als er älter wurde, machte es mehr Spaß, von Ali gelangweilt, als von irgendeinem anderen mitgerissen zu werden.»[57]

Clay hatte schnell begriffen, dass er am Beginn eines Medienzeitalters stand. Der Sport wandelte sich zu einem pulsierenden Zentrum der Entertainmentbranche. Herausragende Sportler wurden wie Markenartikel aufgebaut, und demonstrative Selbstvermarktung war das Gebot der Stunde.[58]

Großes Talent, freche Klappe

Mit dem Kampf gegen Willie Besmanoff am 29. November 1961 in Louisville, den er in der 7. Runde durch K. o. beendete, etablierte Clay eine neue publicityträchtige Masche. Er begann, auf die Runde genau das Ende seiner Kämpfe anzukündigen. Damit heizte er die öffentlichen Erwartungen an, irritierte seine Gegner und übte sich in der Kunst der «Selbsthypnose». Aber Clay war durchaus in der Lage, Stärken und Schwächen seiner Gegner nüchtern einzuschätzen und in Nettokampfzeit zu übersetzen. Und er wusste das Wechselspiel von Massenerwartung und Medienresonanz mit der Zeit souverän zu bedienen. *Die Leute sind abergläubisch. Die Runde lockt sie an. Sie kommen nicht, um mich siegen zu sehen. Sie kommen, um diese Runde zu sehen. […] Die Priester sagen, Jesus hat sie gerufen, aber sie haben keine Beweise. Ich habe Beweise. Die Runde, die ich nenne, ist die Runde, in der sie fallen.*[59]

Clays kühne Prognosen provozierten bei vielen Zuschauern und Kommentatoren den Wunsch, diesem Burschen gehöre einmal tüchtig aufs vorlaute Maul geschlagen. Aber Clay wusste genau, was er tat: *Was glauben Sie wohl, wo ich nächste Woche wäre, wenn ich nicht wüsste, wie man schreit und brüllt und die Aufmerksamkeit der Öffentlichkeit erregt? Ich wäre arm und wahrscheinlich in meiner Heimatstadt, würde Fenster putzen oder einen Fahrstuhl fahren und ‹yassuh› und ‹nawsuh› sagen und wissen, was mir zusteht und was nicht.*[60]

Während der Vorbereitungen auf den Kampf gegen George Logan im April 1962 hatte Clay die Bekanntschaft Howard Binghams gemacht, der damals als Fotograf für das Magazin «The Sentinel» in Los Angeles arbeitete. Es war der Beginn einer Freundschaft fürs Leben. *Er verlangt nie etwas für sich. Howard Bingham ist immer da, wenn man ihn braucht. Es gibt für mich niemanden wie ihn.*[61] Viele der beeindruckendsten Bilder des Champions stammen von Bingham, dessen Ali-Fotofundus auf weit mehr als eine halbe Million Aufnahmen geschätzt wird.[62]

Nach weiteren leichten Aufbaukämpfen gegen Billy Daniels und Alejandro Lavorante war Clay Ende 1962 bereit für den ersten «großen Namen»: Archie Moore, seinen ehemaligen Trainer, der mit 160 Kämpfen in 25 Profijahren langsam auf die Fünfzig zuging. Clay hatte sich dieses Mal auf Runde vier festgelegt, und er sollte Recht behalten. Aus in Runde vier – obwohl Frank Sinatra und Dean Martin ihrem «Black Brother Archie» am Ring die Daumen drückten.

Kampfplakat Moore – Clay

Gegen Doug Jones lag Clay dagegen mit seinen Ankündigungen völlig daneben. Erst hatte er Jones sechs, dann vier Runden eingeräumt, doch er musste über die volle Distanz gehen. Das Publikum pfiff ihn nach Kräften aus. Und trotzdem hatte Clay ein wahres Bravourstück hingelegt: Die New Yorker Zeitungen waren vor dem Kampf durch einen 113-tägigen Streik lahm gelegt. Clay nutzte mit nimmermüdem Einsatz alle Möglichkeiten, den wenig aufregenden Kampf zu promoten, um den Madison Square Garden einigermaßen zu füllen. Ob in Johnny Carsons' «Tonight Show» auf NBC, in Geschäften, in der U-Bahn oder bei einer Poetry-Slam-Veranstaltung in The Bitter End, einem Kaffeehaus in Greenwich Village. Der Agitator in eigener Sache ließ keine Chance ungenutzt, sein Lieblingsmantra herunterzubeten: *Mein Name ist Cassius Clay, ich bin der künftige Weltmeister im Schwergewicht, ich boxe dann und dann im Madison Square Garden ...* Erstmals seit sechs Jahren war die Halle an der 50th Street wieder ausverkauft.[63]

55 000 Zuschauer verwandelten am 18. Juni 1963 bei Clays

18. Juni 1963: Henry Cooper und Cassius Clay
nach dem Ende ihres Kampfes

erstem Profikampf außerhalb der USA das Arsenal Stadium in
London in ein Tollhaus. Sie wollten die Blamage des «Größten» sehen, der angekündigt hatte, Henry Cooper in der fünften
Runde auszuknocken. Nach wenigen Minuten war das Gesicht
des britischen Schwergewichtschampions blutüberströmt. Coopers Verteidigung schien in der vierten Runde völlig zusammengebrochen – da holte wie ein Blitz aus heiterem Himmel ein ver-
heerender linker Haken Coopers Clay von den Beinen. Zum ersten
Mal in seiner Profikarriere war Cassius in ernster Bedrängnis. Der
Gong rettete ihn in die Pause. Weil Riechsalz und Eis alleine nicht
halfen, verfiel Angelo Dundee auf eine List: Er wies den Ringrichter auf einen Riss an Clays rechtem Boxhandschuh hin, den er pro-
phylaktisch ein wenig vergrößert haben soll.[64] Die durch die
Manipulation herausgeschundene zusätzliche Zeit half Clay, wieder zu Kräften zu kommen. Danach brach er wie ein Wirbelsturm
in der fünften Runde über den armen Engländer herein und de-

moralisierte ihn mit wilder Entschlossenheit wie keinen Gegner zuvor.

Robert Daley hat in der «New York Times» vom 19. Juni 1963 die letzten dramatischen Sekunden des Kampfes festgehalten: «In zwei Minuten und fünfzehn Sekunden riss er Cooper beinahe den Kopf von den Schultern. Wenige Boxer dürften je solche Schläge in so kurzer Zeit bezogen haben. Überall war Blut. [...] Die Leute schrien ‹Aufhören, aufhören!›, bis Ringrichter Tommy Little schließlich den Kampf abbrach.» Nun war Cassius Clay endlich da, wo er hinwollte: kurz vor einem Titelkampf mit Sonny Liston.

«The Greatest»:
Die Geburt des Muhammad Ali

Der Kampf um die Boxkrone: Sonny Liston

Eat your words! Give me justice!
I'm king of the world!

An Clays rhetorischen und theatralischen Talenten bestand längst kein Zweifel mehr, als er den amtierenden Schwergewichtswelt-meister, Sonny Liston, den «Unbesiegbaren», herausforderte. An seiner boxerischen Klasse zweifelten aber noch immer viele. In seinen ersten Profikämpfen hatte Clay die Besonderheiten seines Stils perfektioniert, die ihn schon als Amateur auszeichneten: die blitzschnellen, gestochenen Geraden, das Gefühl für Reichweite, die verblüffende Fähigkeit, Schläge durch winzige Ausweichbe-wegungen ins Leere laufen zu lassen – und das für einen Schwer-gewichtler unerhörte Tempo im Ring. Anders als die Garde der großen «slugger», der «Schläger», verfügte er aber nicht über je-nen «Killerschlag», der unweigerlich zum K. o. führt.[65]

Oft wurde Clay von Kennern wie Bes-serwissern technisches und taktisches Un-vermögen attestiert: zu starke Fixierung auf den Kopf des Gegners; zu niedrig hän-gende Fäuste, also keine ausreichende Deckung und dadurch ständiges K.-o.-Ri-siko. Dass genau diese «Mängel» die Ori-ginalität und Effizienz seines Boxstils aus-machten, hat Jan Philipp Reemtsma be-schrieben: «Clays Hände sind ständig bereit, eine Chance zu beidhändigen Kom-binationen zu nutzen. [...] Sie sind auf An-griff und nicht auf Verteidigung einge-stellt. [...] Merkwürdigkeiten, ja Fehler in

«Es mag widersprüchlich klingen, aber gerade [seine] Fehler machten die Darbietung eines großen Mannes wie Clay viel aufregender, viel waghalsiger und viel graziöser, weil es ganz so aussah, als gehe er irre Risiken ein. Kein Boxer hat je genau nach einem Lehrbuch gekämpft. Aber Ali schuf sich seine eigene Mischung aus Klassik und Anmaßung.»
José Torres

37

Clay/Alis Stil ergeben sich daraus, dass [er] immer auf ein Ziel hin-
arbeitet, die plötzliche Schlagkombination, jenen Moment absoluter Dominanz im Ring. Wer das versteht, für den ergibt sich der
Rest von selbst.»[66]

Auf Bärenjagd

Nach Clays Sieg gegen Henry Cooper stand einem WM-Fight gegen Liston nichts mehr im Wege. Buchmacher wie Journalisten
glaubten, einem der vorhersagbarsten Kämpfe der Boxgeschichte
entgegenzusehen; die wohlmeinenden Herren von der Louisville
Sponsoring Group fürchteten gar um Leib und Leben ihres Mannes.

Liston hatte Patterson in zwei Kämpfen vernichtend geschlagen. Am 25. September 1962 erlebten 19 000 Menschen im Cor-
miskey Park in Chicago fassungslos die Demontage des amtierenden Weltmeisters Floyd Patterson in exakt zwei Minuten und
sechs Sekunden mit. Der Rückkampf am 22. Juli 1963 in Las Vegas dauerte zwei Niederschläge und vier Sekunden länger.[67] Liston hatte Recht behalten: «Wer für diesen Kampf Eintritt be-zahlt, ist dumm. Dieser Kampf wird noch schlechter als der erste.»[68]

Liston-Porträts lesen sich wie Steckbriefe: Krimineller, Analphabet, Wüstling, mehr Knochenbrecher als Boxer – ein Albtraum. «Der Berufsbox-sport», schrieb etwa «Die Welt» am 27. September 1961, «hat durch diesen überdimensionalen Analphabeten auf dem Thron des Weltmeisters weiter an Kredit verloren.»

Seit Monaten schon war Clay Lis-ton wie ein Schatten gefolgt, hatte kei-ne Gelegenheit zur Provokation aus-gelassen. In Las Vegas tauchte er im Spielcasino auf, wo Liston sein Glück beim Würfelspiel suchte. Clay ver-

Charles «Sonny» Liston wurde (vermutlich) am 8. Mai 1932 in Sand Slough, Arkansas, geboren. Im Oktober 1952 wurde er vorzeitig aus dem Staatsgefängnis von Missouri in Jefferson City entlassen, wo er eine fünfjährige Haft-strafe wegen diverser Dieb-stahlsdelikte verbüßte. Dort erlernte er auch seinen einzi-gen Beruf, das Boxen. Ein Jahr später war er Profi – und fest in den Händen der Mafia. Die beiden Knockouts gegen Patterson markierten den Höhepunkt seiner Karriere, die Niederlagen gegen Ali leiteten ihr Ende ein. Am 5. Januar 1971 wurde Liston tot in seinem Haus in Las Vegas aufgefunden; die genauen Umstände seines Todes wurden nie eindeutig geklärt.

spottete ihn als *großen, hässlichen Bären*, worauf Liston der Kragen platzte: Er schleuderte die Würfel nach Clay, beschimpfte ihn als «Niggerschwuchtel» und ging auf seinen sichtlich erschrockenen Kontrahenten los. Am Abend des WM-Kampfes Patterson–Liston folgte Clays nächster großer Auftritt: Nur Sekunden nachdem Patterson k. o. geschlagen worden war, stürmte Clay in den Ring, entriss Howard Cosell das Mikrophon und begann, seine Show abzuziehen: *Dieser Kampf war eine einzige Schande. Liston ist ein Tramp, ich bin der Champ!*[69] Noch zeigte sich der amtierende Weltmeister wenig beeindruckt. Wie lange ein Kampf mit dem «Großmaul» wohl dauern würde, wurde er gefragt. Nicht mehr als zwei Runden, war Listons Prognose – eineinhalb Runden, um Clay zu fangen, und eine halbe, um ihn fertig zu machen …

Liston systematisch zu verunsichern war Teil von Clays Strategie. Am 5. November 1963 brach er mit einer Hand voll Getreuer in einer Nacht-und-Nebel-Aktion von Chicago nach Denver auf, um Liston nachts aus dem Schlaf zu klingeln. Als Liston wutschnaubend auf den Provokateur losging, zog sich der Clay-Tross rasch zurück. Das alles spielte sich vor den Augen zahlreicher TV- und Zeitungsjournalisten ab, die natürlich rechtzeitig benachrichtigt worden waren.[70]

1963 brachte Columbia Records eine Langspielplatte auf den Markt: *The Greatest*. Ein Egotrip der besonderen Art, eine Ich-Hymne aus Gedichten, Proklamationen und prahlerischen Monologen – ein Machwerk und doch eine Devotionalie von hohem Unterhaltungswert. Auf dieser LP kanzelte Clay Liston in seiner unnachahmlichen Manier ab: *Sonny Liston ist ein Nichts. Der Typ kann nicht reden. Der Typ kann nicht kämpfen. Der Typ braucht Nachhilfe im Reden wie im Boxen. Und da er gegen mich antreten wird, bekommt er auch gleich Nachhilfe im Fallen.*[71]

Der WM-Kampf Liston–Clay wurde auf den 25. Februar 1964 festgesetzt und sollte landesweit in mehr als 270 Großkinos («closed circuit TV») übertragen werden. Die Börse für Clay und die Louisville Sponsoring Group betrug 630 000 Dollar (vertragsgemäß geteilt im Verhältnis 50:50). Auf Liston entfielen beachtliche 1,36 Millionen Dollar und auf die International Promotions, Inc., an der er mit 22,5 Prozent beteiligt war, 813 000 Dollar.[72] Was tatsächlich auf Listons Konto landete, steht auf einem anderen Blatt.

Seit dem Kampf gegen Doug Jones im März 1963 stand Clay mit Drew «Bundini» Brown ein Multitalent als Motivationskünstler, Einpeitscher und Zeremonienmeister in der Kunst der psychologischen Kriegsführung zur Seite. In Diensten Sugar Ray Robinsons hatte Bundini die Grundlagen des Geschäfts erlernt, bei Clay brachte er seine «Voodoo-Künste» zur Vollendung. In Liston, dem *hässlichen Bären*, fanden Clay und Bundini Brown ein wehrloses Opfer: *Liston riecht sogar wie ein Bär. Wenn ich ihn verhauen hab, spende ich ihn dem Zoo hier.*[73] In einem seiner waghalsigen Verse versprach Clay den Zuschauern am Ring und überall sonst auf der Welt einen Spezialschlag, dem eine totale Sonny-Finsternis, «a total eclipse of the Sonny»[74], folgen werde.

Die Boxexperten ließen sich weder von Clays Selbstbewusstsein noch von Bundinis Schlachtenlärm in ihren Prognosen beeinflussen. Sie gaben ihm nicht den Hauch einer Chance. Nahezu alle akkreditierten Journalisten befürchteten für den jungen Herausforderer das Schlimmste. «Clays Kampfstil ist wie gemacht, um ein Massaker zu provozieren.»[75] Oder: «Er macht sich keine Vorstellungen von dem, was auf ihn wartet, wenn Sonny loslegt und wie ein Schlachter über sein hübsches Gesicht herfällt.»[76] Auch Größen vergangener Tage wie Joe Louis, Max Schmeling oder Rocky Marciano attestierten Clay schieren Übermut, so früh in seiner Karriere einen Sonny Liston herauszufordern, der im Ring nur eine Sprache kannte: Gewalt und Verwüstung.[77]

Gegen die Mystifizierung Listons zur unbesiegbaren Kampfmaschine inszenierten Bundini Brown und Clay eine Zauberei der besonderen Art. Am Morgen jenes denkwürdigen 25. Februar 1964 trafen Clay und sein Gefolge gegen 10.30 Uhr in der Ladezone der Miami Beach Convention Hall ein, wo das Einwiegen, eine normalerweise unspektakuläre Prozedur, stattfand. Als Liston erschien, skandierten Clay und Bundini immer wieder ihren Schlachtruf «Float like a butterfly, sting like a bee» («Schweben wie ein Schmetterling, zustechen wie eine Biene»). Ihr Gebrüll steigerte sich zur Raserei, Clay schien wie von Sinnen. Dr. Ferdie Pacheco, Clays Ringarzt, erinnerte sich: «Mein Gott, was für eine Show Cassius an diesem Morgen bot! Im Umkleideraum hatten Angelo und Sugar ihn noch ermahnt: ‹Pass auf, dies ist das Einwiegen für eine Schwergewichtsweltmeisterschaft. Keine Sperenzchen!› […] Ob-

Bundini Brown und sein berühmtes Ali-Mantra

wohl Cassius über psychologische Kriegsführung gesprochen hatte, hätte ich nie geglaubt, dass das passieren würde, was passiert ist.»[78] Ein Mensch in totaler Panik, ein Stresspatient am Rande des Nervenzusammenbruchs – das war es, was die meisten Beobachter zu sehen glaubten. Dr. Alexander Robbins, der zuständige Arzt der Miami Beach Boxing Commission, stellte bei Clay einen alarmierend erhöhten Puls und Blutdruck fest. Als Pacheco aber eine Stunde später im Hotel die nächsten Messungen durchführte, hatten sich die Werte wieder normalisiert: Das Ballyhoo beim Einwiegen war generalstabsmäßig geplant, ein klarer «Fall von selbst induzierter Hysterie»[79]. Die 2500 Dollar Geldstrafe waren gut investiert; Clay hatte sich eine optimale Ausgangsposition für den Kampf verschafft. Die verbale Stigmatisierung als dumm, alt, hässlich und tollpatschig sollte sich verhängnisvoll auf Liston auswirken, dessen Verfassung ständig zwischen Selbstüberschätzung und Minderwertigkeitsgefühlen changierte. Liston hatte alle besiegt, Rechtsausleger wie Linksausleger, Haudraufs wie Taktierer.

Nur auf einen Typus von Gegner war er im Ring noch nicht getroffen: auf einen Verrückten, einen Boxer, der offensichtlich nicht zurechnungsfähig war. Und genau darin lag Clays Chance.

Malcolm X in Miami

Sorgen ganz anderer Art trieben Tage vor dem Kampf den Veranstalter Bill MacDonald um. Der Immobilienmakler hatte mehr als eine drei viertel Million Dollar in den Kampf investiert. Riesiges Medieninteresse, hohe Eintrittspreise und zwei Boxer, die ihre PR-Rolle überzeugend spielten – was sollte da für MacDonald schief gehen? Sogar der sonst düster und verschlossen wirkende Sonny Liston gab sich hin und wieder von seiner amüsanten Seite: «In einem Boxkampf geht's auch nicht anders zu wie in einem Cowboyfilm. Es muss einen Guten und einen Bösen geben. Die Leute bezahlen Eintritt, um mich verlieren zu sehen. Nur: In meinem Cowboyfilm gewinnt immer der Böse.» [80]

Clay und Liston trafen – getrennt, versteht sich – die Beatles, die als Gäste in der Ed Sullivan Show in Miami auftraten. Während Clay seinen Spaß mit den «Fab Four» aus Liverpool hatte, nahm sich der vierschrötige Liston speziell Ringo Starr zur Brust: «Sind das die Wichser, derentwegen sich die Leute die Seele aus dem Hals schreien? Mein Hund spielt besser Schlagzeug als dieses Männchen mit der dicken Nase!» [81]

MacDonalds Rechnung ging nicht auf. Überteuerte Eintrittspreise und die Aussicht auf einen erneuten Blitz-K.-o. Listons sorgten dafür, dass von den rund 16 000 Sitzplätzen nur etwas mehr als die Hälfte verkauft wurden. Der Kampf bescherte dem Veranstalter, trotz eines Gesamtumsatzes von 4,5 Millionen Dollar, einen herben Verlust von 360 000 Dollar. [82]

Und doch waren nicht Kampfbörsen, Zuschauerzahlen und TV-Quoten das beherrschende Thema in Miami, sondern das Gerücht, Cassius Clay stehe in engem Kontakt zur militanten Sekte der Black Muslims. Bis zu diesem Moment stellte Clay für das weiße Establishment kein Problem dar: ein schwarzer Boxer mit weißem Trainerstab und weißem Management, ebenso talentiert wie unterhaltsam. Dieses Bild bekam plötzlich Risse.

Am 30. September 1963 berichtete die «Philadelphia Daily News», dass der junge Boxer eine Massenversammlung der Nation of Islam (NOI) besucht habe, um Elijah Muhammad zu sehen. Am 3. Februar 1964 sprach Clay im «Louisville Courier-Journal» zum ersten Mal offen über seine Sympathien für die Black Muslims.

Als er sich dann in aller Öffentlichkeit mit Malcolm X, dem charismatischen Agitator aus der Führungsriege der Muslims, zu zeigen begann, nahm «das Problem» Konturen an. Malcolm Little, ein ehemaliger Dealer und Straßengangster, hatte nach seiner Entlassung aus dem Charlestown State Prison eine steile Karriere in der NOI hinter sich gebracht. Als Malcolm X stieg er zum zweiten Mann in der Organisation auf. «Wirkten die schwarz-nationalistischen und separatistischen Gedanken, die von Elijah Muhammad kamen, verschroben, kultartig, provinziell und marginal, so

Cassius Clay mit Malcolm X, 1964

wirkten dieselben Gedanken, wenn sie von Malcolm kamen, revolutionär, hip und dynamisch.»[83] Sein scharfer Intellekt und seine aggressive Rhetorik verliehen ihm eine Aura von Männlichkeit und Authentizität. Malcolm X' Versuch, aus dem Elfenbeinturm des religiösen Obskurantismus in die politisch-sozialen Realitäten aufzubrechen, führte die NOI in eine Zerreißprobe.

Dankbar nahm Malcolm X eine Einladung Clays an, einige Zeit mit seiner Familie Urlaub in Miami zu machen. Am 14. Januar 1964 holte Clay seine Gäste am Flughafen ab. Wenige Tage später flog er mit Malcolm nach New York; von nun an registrierten Agenten des FBI jeden Schritt des Boxers und des Predigers. Für Cassius Clay verkörperte Malcolm X alles, was er an sich selbst vermisste: Klarheit, Härte, Unbeugsamkeit. Umgekehrt fühlte sich Malcolm vom Charme und der Unbeschwertheit des jungen Boxers angezogen.

Für das weiße Boxpublikum stellte die Anwesenheit des militanten Schwarzenführers in den Tagen vor dem Liston-Kampf eine Provokation dar; das zumindest behauptete Promoter Mac-Donald. Der WM-Kampf wäre um ein Haar ins Wasser gefallen, hätte nicht sein PR-Mann Harold Conrad den rettenden Einfall gehabt: Malcolm X wurde freundlich, aber bestimmt aus der Stadt hinauskomplimentiert, um die angespannte Stimmung zu beruhigen. Am Abend des Kampfes, so die Abmachung, sollte er einen reservierten Platz direkt am Ring einnehmen. Der Deal funktionierte, und Malcolm X sah dem Kampf von seinem reservierten «Ehrenplatz» aus zu. Für ihn war es nicht einfach ein Kampf zweier Boxer, sondern zweier Weltanschauungen: «Kreuz und Halbmond kämpfen im Ring – zum ersten Mal. Das ist ein moderner Kreuzzug. […] Glaubst du, Allah würde all das bewirkt haben, wenn er nicht wollte, dass du den Ring als Champion verlässt?»[84]

«Kreuz» gegen «Halbmond»

Der 25. Februar 1964 war ein warmer Tag in Miami. Hardliner wie Jim Murray von der «Los Angeles Times» sorgten dafür, dass die Stimmung zusätzlich aufgeheizt wurde. Der Kampf Liston–Clay, schrieb er großspurig, werde «der populärste seit Hitler gegen Stalin. 180 Millionen Amerikaner halten die Daumen für einen doppelten K. o. […] Clays öffentliche Äußerungen haben die Bescheidenheit eines deutschen Ultimatums an Polen, seine öffentlichen

Leistungen ähneln jedoch eher Mussolinis Marine.»[85] Clay hatte in den Wochen zuvor härter denn je trainiert, während Liston seine Übungen im vollklimatisierten Surfside Civic Auditorium ganz auf einen raschen Knockout ausrichtete: geringes Laufpensum, pures Showsparring, dafür publikumswirksame Auftritte am schweren Sandsack.[86] «Als Sonny nach Miami ging», so Foneda Cox, einer von Listons bevorzugten Sparringspartnern, «glaubte er fest daran, er werde Clay umbringen. Das meine ich so, richtig umbringen! Warum da noch hart arbeiten?»[87]

Kaum jemand, der Clays exaltierten Auftritt beim Einwiegen miterlebt hatte, glaubte ernsthaft, dass er gegen Liston länger auf den Beinen bleiben würde als Floyd Patterson. Zu Listons schmalem Repertoire an Psychotricks gehörte der Versuch, seinen Gegner bei der Begrüßung im Ring durch bloßes Anstarren einzuschüchtern. Als Ringrichter Barney Felix die beiden Kontrahenten in die Ringmitte rief und Liston sein Dominanzritual abzuspulen versuchte, lachte Clay ihn nur aus. Es zeigte sich rasch, dass die im

25. Februar 1964: Cassius gewinnt gegen Sonny Liston den WM-Titel. Sein boxerischer Stil ist einzigartig: elegant, eruptiv, effizient.

Fifth Street Gym mit exzellenten Sparringspartnern wie Harvey Cody Jones und Dave Bailey einstudierte Kampfstrategie Clays perfekt aufging. Leichtfüßig wich er Listons linken Haken aus, der gefährlichsten Waffe des Weltmeisters. Er tänzelte, fintierte, zeigte unglaubliche Reflexe und schlug mit spielerischer Leichtigkeit Jabs und Kombinationen an den Kopf seines Gegners. Unter den Augen Listons öffneten sich blutende Risse. Mitte der dritten Runde wussten alle, die nicht blind am Mythos der Unbesiegbarkeit Listons festhielten, dass der WM-Kampf entschieden war, falls nicht ein «lucky punch» oder etwas anderes Unvorhersehbares geschehen würde.

Gegen Ende der vierten Runde ereignete sich dann jener dramatische Moment, der dem Kampf eine völlig andere Richtung hätte geben können. Hektisch wischte sich Clay mit den Handschuhen übers Gesicht; seine Augen brannten und tränten. Panik stieg in ihm auf. Vermutlich war etwas von der blutstillenden Substanz vom Gesicht Listons in seine Augen gekommen. Für einen kurzen Moment stand der Kampf auf des Messers Schneide. Bis die Augenspülung wirkte, vergingen Minuten. Clay kämpfte in der fünften Runde praktisch blind, und er kämpfte phantastisch. Seine schnellen Beine erlaubten es ihm, selbst in dieser misslichen Situation den Angriffen Listons auszuweichen. Ferdie Pacheco ist überzeugt, dass ohne Dundees resolute Unterstützung aus der Ringecke Clays Karriere anders verlaufen wäre: «Dundee ist nicht einer der besten, er ist der beste Cornerman, den ich je gesehen habe. [...] Dieser Moment gehörte Angelo. Und falls in Cassius' Ecke Amateure gestanden hätten, es hätte wohl keinen Muhammad Ali gegeben. Der Kampf wäre vorbei gewesen, und Liston würde nie mehr gegen ihn gekämpft haben.»[88]

Zur siebten Runde trat Sonny Liston nicht mehr an. Die Sensation war perfekt: Cassius Clay hatte Liston entthront und war neuer Weltmeister im Schwergewicht. Um 4.33 Uhr MEZ – dank des Satelliten Rusty kamen auch deutsche Boxfans zu nachtschlafender Zeit zu ihrem Vergnügen – war die wohl größte Überraschung in einem Titelkampf seit 1935 perfekt, als James J. Braddock den 15:1-Favoriten Max Baer entzauberte.

Liston hatte, wie ein Ärzteteam am St. Francis Hospital in Miami später feststellte, einen Sehnenanriss am linken Schulter-

Die Sensation ist perfekt. Von nun an ist er «The Greatest» ...

gelenk erlitten. Aber auch ohne diese Verletzung wäre er chancen-
los gewesen. Morton Sharnik, Reporter von «Sports Illustrated»,
begleitete Liston ins Krankenhaus. Er erlebte einen zerschlagenen,
deprimierten Mann, der in wenigen Minuten um Jahre gealtert
schien und erst in der Niederlage begriff, wem er im Ring gegenübergestanden hatte: «Das war nicht der Mann, gegen den ich
glaubte kämpfen zu müssen. Der Mann hier konnte schlagen.»[89]

CASSIUS CLAY, CASSIUS X, MUHAMMAD ALI

I don't have to be what you want me to be.
I'm free to be what I want to be.

Nach dem Kampf war der neue Weltmeister noch mit unverhohle-
ner Genugtuung über die Journalisten hergefallen, die seine absolute Chancenlosigkeit im Titelkampf gegen Liston in alle Welt hin-
ausposaunt hatten. Aber bereits am nächsten Morgen, bei Clays
offizieller Pressekonferenz in der Miami Beach Convention Hall,

gab es nur noch ein Thema: sein Verhältnis zu den Black Muslims. Hatte er sich bis dahin rein defensiv auf das durch die amerikanische Verfassung garantierte Recht berufen, seinen religiösen und politischen Überzeugungen gemäß zu leben, wurde er nun deutlicher. *‹Black Muslims› ist ein Pressewort. Der wirkliche Name lautet ‹Islam› und bedeutet ‹Frieden›. […] Ich bin der Schwergewichtsweltmeister, aber es gibt immer noch Viertel, in die ich nicht ziehen kann. […] Die Leute brandmarken uns als Hassorganisation. Sie behaupten, wir wollten das Land unterwerfen. Sie behaupten, wir wären Kommunisten. Das ist alles nicht wahr.*[90]

Amerikanische Zeitungen würdigten Clays «Outing» in einer Ausführlichkeit, «als zitierten sie einen weltbekannten Theologen»[91]. Während der Boxexperte der «New York Times», Robert Lipsyte, Clays Mut bemerkenswert fand, sah Jimmy Cannon vom «New York Journal American» den Boxsport in seiner Existenz gefährdet: «Die Boxbranche war seit ihren verkommenen Anfängen der Rotlichtbezirk des Sports. Doch nun hat man sie erstmals in ein Instrument des Hasses verwandelt. Sie hat vielen Männern den Körper verstümmelt und den Geist ruiniert, jetzt aber benutzt Clay sie als einer von Elijah Muhammads Missionaren als eine Waffe des Bösen beim Angriff auf die Seele.»[92] Der schwarze Ex-Footballstar Jackie Robinson ordnete dagegen Clays Glaubensbekenntnis in einem klugen Artikel für den «Chicago Defender» in den politischen Kontext von Demokratie und Rassenkonflikten ein: «Ich glaube nicht, dass Schwarze massenhaft zu den Black Muslims überlaufen werden, genauso wenig, wie sie es im Falle des Kommunismus getan haben. Ob Jung oder Alt, Zehntausende Schwarze zeigen auf den Straßen unseres Landes ihre Bereitschaft, für ihre Freiheit zu leiden, zu kämpfen und sogar zu sterben. Diese Menschen wollen mehr Demokratie – nicht weniger. Sie wollen ins Zentrum des Lebens in den USA integriert werden und nicht auf einem winzigen Fleck dieses Landes ein Leben in totaler Isolation führen.»[93]

Elijah Muhammad und die Nation of Islam

Nach Clays Rückkehr aus Rom hatte er eine Phase der politisch-religiösen Orientierung durchlebt und unter anderem Veranstaltungen der Bürgerrechtsorganisationen NAACP (National Asso-

26. Februar 1964: Cassius Clay gibt in Miami seinen Übertritt zum Islam bekannt.

ciation for the Advancement of Colored People, gegründet 1909 von dem Philosophen und Schriftsteller W. E. B. DuBois) und des CORE (Congress of Racial Equality) besucht. Im März 1961 begegnete er Sam Saxon, einem Aktivisten der Black Muslims, in Miami.[94] Jeremiah Shabazz, der geistliche Leiter der NOI in Atlanta, wusste, dass der Organisation mit dem jungen, charismatischen Boxer ein Glücksgriff gelungen war. Deshalb hatte er Clay geraten, seine Mitgliedschaft in der NOI noch eine Zeit lang geheim zu halten, um den Kampf gegen Liston nicht zu gefährden. Und so erlebte er Versammlungen auch nur «durch die Hintertür»[95].

Clay hatte 1959 beim Golden Gloves Tournament in Chicago zum ersten Mal etwas von der Nation of Islam gehört. Wenige Monate später las er regelmäßig «Muhammad Speaks», das Zentralorgan der Bewegung. Stereotypen, die Elijah Muhammad in seinen Botschaften oder Ishmael Sabahkan, der Leiter der NOI-Moschee in Miami, in seinen Predigten verbreiteten, zählten bald zum ideologischen Repertoire von Cassius Clay. Es dürften weder genuin religiöse noch politische Gründe gewesen sein, die ihn zum Gefolgsmann Muhammads werden ließen. So, wie ihn die Schärfe und der moralische Rigorismus von Malcolm X faszinierten, fühlte er sich vom Wertekodex der NOI angezogen: Askese, Disziplin und Selbstachtung, Stolz auf die schwarze Rasse, Ablehnung von Alkohol, Drogen und Zigaretten, eine durch und durch schwarz-weiße Sicht der Dinge, die seinem wenig komplexen Denken entgegenkam. (Dass Muhammad Ali dagegen Ende der sechziger Jahre – trotz aller Ähnlichkeiten in Pose und Poesie der militanten Stilisierung – demonstrativ auf Distanz zur sozialrevolutionären Black Panther Party ging, lag vermutlich am Fehlen jedweder religiös-spirituellen Ausrichtung der Gruppierung um Huey P. Newton, Bobby Seale und Stokely Carmichael.) Clay war «wie geschaffen für die Black Muslims», behauptete William Faversham von der Louisville Sponsoring Group. «Er ist ein Junge, für den diese Art Alice-im-Wunderland-Religion Anziehungskraft hat. Er ist selbst ein Mystiker.»[96] Elijah Muhammad mag auch eine Rolle als Ersatzvater, als «Daddy aller Daddys»[97], ge-

Elijah Muhammad, geboren 1898 als Elijah Poole, wurde 1931 in Detroit zum Anhänger der Lehre W. D. Fards: Ihr zufolge lebte das von Allah vor 66 Millionen Jahren geschaffene Urvolk der Shabazz im fruchtbaren Nildelta, bis in Mekka Mr. Yacub, der «Original Man», geboren wurde. Als der Prediger mit seinen Anhängern auf die Insel Patmos verbannt wurde, schwor er Rache. Durch Selektion, Manipulation und Gewalt gelang es ihm schließlich, das weiße Herrenvolk zu formieren. Mit dem Auftauchen von W. D. Fard (und Elijah Muhammad) geht die Leidenszeit der schwarzen Rasse zu Ende. Die Befreiung von der weißen Weltherrschaft durch die «Schlacht von Armageddon» steht unmittelbar bevor: Flotten von Bombern und Killersatelliten werden am Tag der Abrechnung ausschwärmen und den weißen Teil der Menschheit auslöschen.

Muhammad Ali und Elijah Muhammad

spielt haben, wie Wilfrid Sheed vermutet. Wichtiger aber ist, dass
die Organisation mit dem unaufhaltsamen Aufstieg von Malcolm
X ihren Ruf als obskure Sekte verloren hatte. Die fünfteilige Fern-
sehdokumentation des Journalisten Mike Wallace über die NOI,
«The Hate That Produced Hate», im Juli 1959 vom New Yorker Sen-
der WNDT-TV ausgestrahlt, konfrontierte eine spürbar irritierte
amerikanische Öffentlichkeit mit der Tatsache, dass es sich bei den
Black Muslims nicht um eine Splittergruppe religiöser Paranoiker
handelte, sondern um eine hochorganisierte Gruppe mit mehreren zehntausend Mitgliedern, einem paramilitärischen Apparat
(Fruit of Islam) und einer radikal weißenfeindlichen Ideologie.[98] In
seinem Essay «Hundert Jahre Freiheit ohne Gleichberechtigung»
erinnert James Baldwin daran, dass die USA der sechziger Jahre,
auch jenseits des offenen Terrors von Ku-Klux-Klan und rechts-
radikalen «arischen Milizen», ihren schwarzen Mitbürgern ein
System des strukturellen Rassismus aufzuzwingen versuchten.
«Sie [die Weißen] hatten das Recht, die Gerichte, die Gewehre, die
Gesetze – mit einem Wort, die Macht.»[99]

In der Gedankenwelt Elijah Muhammads sind Versatzstücke aus Schöpfungsmythologie, Weltuntergangsszenario und schwarzem Nationalismus zu einem konfusen, teilweise haarsträubend abwegigen Konstrukt amalgamiert. Aus heutiger Sicht ist schwer nachzuvollziehen, wie es auf der Basis eines solchen Ideenwirrwarrs möglich war, eine derart kompakte, aggressive Organisation wie die NOI aufzubauen.

Clay sog die theatralische Apotheose vom Ende der weißen Zivilisation durch ein Tod und Verderben bringendes gigantisches Raumschiff fasziniert auf. Zwischen metaphorischen und mythologischen, allegorischen und historischen Anspielungen vermochte er nicht zu unterscheiden; Gott stellte er sich als einen schwarzen Superman vor, der seine tödlichen Truppen am Tag X selbst in die Entscheidungsschlacht führen würde.[100] Vor dem ersten Patterson-Kampf klärte er die Reporter über *unsere Jungs dort oben* auf: *Wenn Sie in einer klaren Nacht alle Sterne sehen können, müssen Sie den hellsten suchen. Beobachten Sie ihn eine Weile. Sie werden sehen, wie er da oben zittert. Kleine weiße Objekte lösen sich von ihm ab, machen eine Runde und kehren zu ihm zurück. Das sind Bomber. In ihnen fliegen Schwarze, die niemals lächeln.*[101]

Man muss von den eschatologischen Wahnvorstellungen des Sektengründers abstrahieren, um die Anziehungskraft der Black Muslims nicht im Bereich pathologischer Fixierungen zu suchen. Ihr rigoroser Wertekodex und die Vision einer schwarzen Gegengesellschaft auf amerikanischem Boden dürften für die Rekrutierungsarbeit unter den sozial und rassisch Ausgegrenzten ungleich wichtiger gewesen sein als der bizarre Überbau.

Einer der historischen Bezugspunkte der NOI ist Marcus Garveys «Back to Africa»-Bewegung. Sein um 1915/16 entwickeltes Konzept eines praktischen «schwarzen Nationalismus» war eine Kriegserklärung an das Klassen- und Rassensystem der Vereinigten Staaten: die Verbindung von schwarzem Selbstbewusstsein und schwarzer Ökonomie in einer «African Republic».[102]

«Muhammad Ali, früher bekannt als Cassius Clay ...»

Der 6. März 1964 ist der «wahre Geburtstag» von Muhammad Ali. In einer Rundfunkansprache erklärte Elijah Muhammad, dem Namen Cassius Clay mangele es an «göttlicher Bedeutung»; er sei nichts als ein Sklavenname. Von nun an sei Clays wahrer Name Muhammad Ali.

Für Ali war der Namenswechsel Ausdruck seiner spirituellen Wiedergeburt. Vorher hatte er bereits mit Cassius X, seinem islamischen «Übergangsnamen», unterzeichnet. Bei den Black Muslims galt das X als Symbol für die verlorene afrikanische Herkunft und Identität.

Noch Jahre später weigerten sich die meisten Journalisten und Boxfunktionäre, ihn Muhammad Ali zu nennen. Abe Greene, Commissioner der World Boxing Association, drohte unverhohlen: «Man sollte Clay die Chance geben zu entscheiden, ob er ein religiöser Eiferer sein will oder der Champion im Schwergewicht.»[103] Als Harry Markson ihn bei einer Veranstaltung im Madison Square Garden am 20. März 1964 penetrant mit «Mr. Clay» ansprach, kam es zum Eklat: Der Weltmeister verließ die Halle.

Auch durch Alis eigene Familie ging ein Riss. Während sich sein Bruder Rudolph ebenfalls den Muslims anschloss und den Namen Rahaman annahm, sah sein Vater den Familiennamen der Clays in den Dreck gezogen. Anders als verschwörungstheoretisch konnte er sich die Entscheidung seines «verlorenen Sohnes» nicht erklären: Infiltration, Gehirnwäsche, finanzielle Ausbeutung. «Sie haben meine beiden Jungen ruiniert. Man sollte die Black Muslims aus dem Land jagen, ehe sie noch andere in den Ruin treiben.»[104]

Die strikte Distanz Elijah Muhammads zu direkter politischer Aktion ließen Malcolm X mehr und mehr an den Visionen seines Führers zweifeln. Eine ketzerische Bemerkung zur Ermordung von John F. Kennedy wurde ihm dann zum Verhängnis: Die Entfernung Malcolms aus dem Machtzentrum der Black Muslims hatte begonnen.

Auch Muhammad Ali musste sich entscheiden: zwischen dem verehrten Gründer der Bewegung und seinem Freund Malcolm X. Ali schlug sich bedingungslos auf die Seite Elijahs.

Am 8. März 1964 verkündete Malcolm X seinen Austritt aus der NOI. Im Juni 1964, nach der Rückkehr von einer Pilgerreise nach Mekka, gründete er die Organization of Afro-American Unity (OAAU), eine nichtreligiöse, nichtsektiererische Gruppe, deren Ziel es war, Afroamerikaner für eine konstruktive Menschen-

Muhammad Ali mit einem Buch seines Glaubensführers

rechtspolitik zu gewinnen. Er nahm einen neuen Namen an, El Hajj Malik El Shabazz, benutzte aber seinen alten als eine Art Markenzeichen weiter. Von nun an trat er für einen «farbenblinden Islam» ein, offen für Menschen jeder Hautfarbe. Sein Sinneswandel zeigte sich in Kooperationsangeboten an Martin Luther King Jr. und die Bürgerrechtsbewegung. Für das FBI stellte die Möglichkeit einer Annäherung des pazifistischen und des militanten Flügels der schwarzen Protestbewegung die Schreckensvision schlechthin dar.[105]

Am 14. Mai 1964 unternahm Ali mit seinem Bruder Rahaman, Howard Bingham, Herbert Muhammad, dem Sohn Elijah Muhammads, und anderen Vertrauten eine mehrmonatige Afrikareise, die auch dem Zweck diente, die hitzige Debatte um seine NOI-Mitgliedschaft abkühlen zu lassen. In Afrika traf er auf den ghanaischen Präsidenten Kwame Nkrumah, den ägyptischen Revolutionshelden Gamal Abd el-Nasser – und ein letztes Mal auf Malcolm X. Im Hotel Ambassador in Accra kreuzten sich ihre Wege für einen flüchtigen Moment. Journalisten gegenüber äußerte sich Ali kalt und arrogant über den Verbündeten vergangener Tage: *Habt ihr Malcolm gesehen? In dem komischen weißen Gewand, mit einem Bart und diesem Stock, der aussieht wie der Stab des Propheten? Mann, ist der fertig. Der ist total erledigt, völlig am Ende. Von Malcolm möchte niemand mehr etwas hören.*[106] Sonia Sanchez, Aktivistin des Congress of Racial Equality (CORE), brachte Verständnis für Alis Haltung auf: «Ali hatte kaum Zeit für eine Analyse. Er musste sich im Bruchteil einer Sekunde entscheiden, und da gab es keinen grauen Bereich dazwischen. […] Ali war ein großer Mann, aber er war kein Denker, kein Analytiker.»[107]

Malcolm X' Zeit lief ab, und er wusste es. Am 30. November 1964 berichtete ein Informant in den Reihen der Black Muslims der FBI-Zentrale in Washington, dass ein Befehl an den paramilitärischen Arm der Organisation unter Führung von Raymond Sharieff ergangen sei, den Abtrünnigen zu liquidieren. Sein Haus in Queens wurde am 13. Februar 1965 mit Molotow-Cocktails angegriffen; nur knapp entgingen er, seine schwangere Frau Betty und seine Kinder dem Anschlag. Die Arbeit an seiner Autobiographie mit Alex Haley, Interviewtermine und Vorträge unterwarfen seinen Alltag einem immer hektischeren Rhythmus. Am 21. Februar 1965 starb Malcolm X bei einer Kundgebung der OAAU im Audubon Ballroom in New York City im Kugelhagel gekaufter Mörder. Nach einjährigem Prozess wurden im April 1966 drei NOI-Mitglieder zu lebenslangen Haftstrafen verurteilt. Einer von ihnen, Talmadge Hayer, gestand, den Mordauftrag von der eigenen Organisation erhalten zu haben.[108]

Der Psychologe und Therapeut Peter Fuller konstatiert bei Ali einen ausgeprägten Hang, Angst einflößenden Ambivalenzen aus dem Weg zu gehen, Schuldgefühle auszublenden, Probleme zu verdrängen und belastende Erfahrungen schönzureden.[109] Nur so lässt sich erklären, dass Ali auch später keine deutlichen Worte der Scham oder Trauer über seine Distanzierung von Malcolm X gefunden hat.

Sonji Roi – ein Zwischenspiel

Ali war sich seiner erotischen Anziehungskraft auf Frauen durchaus bewusst. Auch wenn er als junger Mann auf weibliche Avancen so scheu reagierte, dass manche ihn für einen latenten Homosexuellen hielten, sprach ihm nicht nur «Modezarin» Gloria Guinness von «Harper's Bazaar» eine betörende sexuelle Präsenz zu: «Für ihn wäre ich einfach gestorben.»[110] Auch die Schriftstellerin Toni Morrison zeigte sich von der Ausstrahlung des jungen Boxers beeindruckt: «Ali war ein schöner Krieger, und er reflektierte eine neue Haltung für einen Schwarzen. Ich mag Boxen nicht, aber er war etwas ganz Besonderes. Seine Grazie war beinahe erschreckend.»[111]

Über Herbert Muhammad, als Manager und «Aufpasser» der Nation of Islam die graue Eminenz in Alis Entourage, lernte er Sonji Roi kennen. Muhammad, der ein kleines Fotostudio in Chicago betrieb, hatte die attraktive junge Frau bei Porträtaufnahmen getroffen. Am 3. Juli 1964 gingen Ali und Sonji zum ersten Mal miteinander aus, und am 14. August, ganze 41 Tage nach der ersten Verabredung, heirateten sie in Gary, Indiana. Muslim-Kader wie Jeremiah Shabazz warnten Ali eindringlich vor dem «Partygirl» mit den vielen Männerbekanntschaften und dem Hang zu aufreizender Kleidung. Aber Ali war zu verliebt, um den warnenden Einflüsterungen seiner Tugendwächter nachzugeben.

Sein Verhältnis zu Frauen im Allgemeinen und Sex im Besonderen wird von manchen seiner Biographen und journalistischen Wegbegleiter als «komplex» bis «wirr» beschrieben: ein stetes Hin und Her zwischen Scheu und Freizügigkeit, Prüderie und Promiskuität. So brachte Ali in seiner fanatisch-muslimischen Phase nichts mehr in Rage als gemischtrassige Beziehungen. Eine seiner schlimmsten Entgleisungen leistete er sich in einem «Playboy»-Interview, in dem er den Lynchmord als legitimes Mittel zur Wahrung von «Rassenhygiene» befürwortete: Ein Schwarzer müsse getötet werden, wenn er sich mit einer weißen Frau einlasse. Auch

eine Muslimin, die eine sexuelle Beziehung mit einem Weißen eingehe, habe ihr Leben verwirkt. Der «Playboy»-Redakteur reagierte konsterniert: «Allmählich klingen Sie wie die Kopie eines weißen Rassisten.»[112]

Im krassen Gegensatz zum ersten schwarzen Boxweltmeister Jack Johnson, der sich durch zahllose Affären mit weißen Prostituierten und die Heirat mit der Weißen Etta Duryea zum Hassobjekt gemacht hatte, unterwarf sich Ali klaglos Elijah Muhammads Dogma strikter rassischer Segregation. In Interviews gab er Kostproben seines in jenen Jahren extrem borniertes Frauenbildes zum Besten. Der Zeitschrift «Crawdaddy» verriet er: *Was man von einer Frau haben kann, ist ohnehin nur ein Orgasmus. Weshalb soll ich mir also die Scherereien hinterher aufhalsen, wenn ich mich mit einer Weißen abgebe?* Und den Lesern von «Ebony» erklärte er: *Die Frauenbewegung ist auch bloß so ein Trick der Weißen, um die schwarze Frau daran zu hindern, sich dem schwarzen Mann im Kampf um die Freiheit anzuschließen.*[113] (1977 verlieh ihm die amerikanische Organisation «Women's Lib» den Titel «Größtes Unterdrückerschwein der Welt».)

Ironie der Geschichte: Alis Verlangen nach Frauen nahm sichtbar zu, als Sex außerhalb der Ehe für ihn eigentlich tabuisiert war. Tabu hin, Doppelmoral her: Wäre Ali nach den Maßstäben seiner Aussagen im «Playboy» beurteilt worden – er wäre längst ein toter Mann. «Verheiratet oder nicht, er hatte so viele Affären, dass Ferdie Pacheco ihn einen ‹Beckenmissionar› nannte.»[114] (Als Vorbild moralischer Integrität taugte allerdings auch Elijah Muhammad, «der Ehrenwerte», wenig. Nicht nur für das FBI war es ein offenes Geheimnis, dass er mehrere Sekretärinnen geschwängert hatte und auch anderen weltlichen Verlockungen nicht abgeneigt war.)

Angesichts des massiven Drucks der muslimischen Moralapostel war Alis Ehe mit Sonji zum Scheitern verurteilt. Für die NOI-Hardliner war schon die Nähe Alis zu dem Nicht-Moslem Bundini Brown, dessen Faible für Alkohol und weiße Frauen unübersehbar war, eine Provokation.[115] Die Liaison mit Sonji, der «personifizierten Sünde», war des Schlechten zu viel. Am 23. Juni 1965, nicht einmal ein Jahr nach der Hochzeit, reichte er in Dade County, Florida, die Scheidung ein. Seine Frau, so Muhammad Alis Begründung, habe mit der Eheschließung eingewilligt, an seiner Seite ein Leben nach den Prinzipien des Islams zu führen. Wenige Monate ehelicher Verbindung mit Sonji hätten aber gezeigt, dass sie dazu nicht willens oder in der Lage sei. An dieser Sichtweise der Dinge stimmte zumindest eines: Sonji war eine unabhängig denkende Frau. Sie mischte sich selbstbewusst in «Männergespräche» ein und brachte Ali mit spöttischen Fragen nach dem «Mutterraumschiff» und «den letzten Tagen der (weißen) Menschheit» in Verlegenheit. Vor allem aber weigerte sie sich standhaft, ihren Körper ständig mit knöchellangen weißen Gewändern zu verhüllen, wie es der moslemische Kleiderkodex verlangte: «Ich trinke nicht, ich rauche nicht. Ich gehe zu den Versammlungen und in den Gottesdienst und halte mich an die Essensvorschriften. Ich habe mich in seiner Religion taufen lassen. Alles – nur nicht die Kleider. Das habe ich nie mitgemacht.»[116]

Gegen den Willen Sonjis wurde die Ehe am 10. Januar 1966 rechtskräftig geschieden. Ali musste seiner Ex-Frau zehn Jahre lang jeweils 15 000 Dollar zahlen, außerdem 22 500 Dollar zur Deckung ihrer Anwaltskosten – ein mehr als günstiges Agreement für den Weltmeister. Gerade geschieden, formulierte Ali bereits die Kriterien, denen seine nächste Braut genügen sollte: *Wenn ich das nächste Mal heiraten werde, wird es ein Mädchen von siebzehn oder achtzehn Jahren sein – eine, die ich mir so erziehen kann, wie ich sie haben will.*[117]

Zwischen Boxring und politischer Arena

That's not hate, that's history.

War beim technischen K. o. Sonny Listons in Miami tatsächlich alles mit rechten Dingen zugegangen? Vereinbarungen über einen schnellstmöglichen Rückkampf im Fall eines Sieges von Ali heizten die Gerüchteküche weiter an.[118] Die World Boxing Association (WBA) wertete Absprachen wie die zwischen der Louisville Sponsoring Group und Listons Management als illegal, weil solche «under-the-table-rematch contracts» geradezu einluden, als Champion einen Kampf zu verschenken, um sich dann Sieg und Titel bei höherer Börse im Rückkampf zu sichern. Erst als eine Anhörung des Senatsunterausschusses für Monopole und Kartelle keine Anhaltspunkte für irreguläre Absprachen zutage förderte, stand einem Rückkampf nichts mehr im Wege.

Lewiston – eine Kleinstadtfarce
Der Kampf Ali – Liston II sollte am 16. November 1964 in Boston stattfinden. Liston war wild entschlossen, diese Titelchance zu nutzen. Er trainierte im Amid Karate & Judo Club in Denver hart und diszipliniert wie selten zuvor. Nur zu gut wusste er, dass ihm nicht mehr viele Chancen auf Titel, Ruhm und großes Geld blieben. Den Nimbus der Unbesiegbarkeit hatte Ali zertrümmert; in Angststarre würde keiner von Listons zukünftigen Gegnern mehr verfallen.[119]

Ali war nach seiner Afrikareise rechtzeitig wieder in Form gekommen. Angelo Dundee gab dem Buchmacher-Favoriten Sonny Liston nicht den Hauch einer Chance. «Mit Liston kann man alles machen. Er ist ein eindimensionaler Boxer. […] Er kann nur in eine Richtung gehen: nach vorne. Er ist groß, schwerfällig, und jede seiner Bewegungen ist vorhersehbar. […] Und ihm fehlt die Möglichkeit, etwas zu ändern. Denn Liston ist Liston.»[120] Gilbert Rogin schloss sich in «Sports Illustrated» Dundees Einschätzung in allen Punkten an. Listons Ringperformance sei durch die immer gleichen Bewegungsmuster und taktischen Schemata limitiert. «Nach Abwägung aller Unwägbarkeiten kann man nur zu einem Schluss kommen: Liston wird n i c h t gewinnen, weil er, egal was er tut oder nicht tut, Clays furiosem Tempo von Fäusten, Füßen und Verstand nicht gewachsen ist.»[121]

Dann der Paukenschlag: Am Freitag, dem 13. November 1964, drei Tage vor dem Kampf im ausverkauften Boston Garden, wurde Ali aus seiner Suite im Sherry Biltmore Hotel am frühen Abend ins Boston City Hospital gebracht. Diagnose: Leistenbruch. Nach der Operation hatte Ali ein Problem weniger und sein Gegner eines mehr: Für Liston war die Verschiebung des Kampfes auf den 25. Mai 1965 eine mittlere Katastrophe – seine Formkurve zeigte eindeutig nach unten.

Nach seiner Genesung brach Ali mit seiner Entourage und einigen handverlesenen Journalisten wie Mort Sharnik und George Plimpton nach Chicopee Falls, Massachusetts, auf; die intensive Trainingsphase begann. Neu in Alis Gefolge war Lana Shabazz, die er 1962 in New York kennen gelernt hatte, wo sie in einem muslimischen Restaurant als Köchin arbeitete. Sie wurde zu einer der wichtigsten Bezugspersonen in seinem Leben: der gute Geist in Alis Camp. Lana hielt ihrem Ziehsohn bis zum Ende seiner Ringkarriere die Treue.[122]

Anfang Mai 1965 entzog die Boxbehörde von Massachusetts völlig unerwartet dem Rückkampf zwischen Ali und Liston die Zustimmung. Ihre Begründung: Sonny Liston, ehemals Häftling Nr. 63 723 im Missouri State Penitentiary, sei nach wie vor ein Spielball in den Händen der Boxmafia.

Lewiston, der neue Austragungsort des WM-Kampfes, löste Befremden aus. Die St. Dominic's Arena war ein Zweckbau von

Ali mit seinem Trainer Angelo Dundee bei einer Pressekonferenz, 1975

monströser Hässlichkeit. 40000 Einwohner mehrheitlich frankokanadischer Abstammung, viele kleine Läden, ein einziges größeres Hotel – das war Lewiston, Maine. Die heruntergekommene Textilstadt war bis dahin nur durch einen Kurzbesuch John F. Kennedys und ein Gastspiel der Harlem Globetrotters, der Basketballartisten aus New York, aus ihrem Tiefschlaf gerissen worden. Niemand wusste besser als Listons Frau Geraldine, dass dieser Ort für ihren Mann ein Debakel war: «Das Training war schlecht. Es war nass. Es war feucht. Und die kleine Halle, in der sie dann kämpften, war grauenhaft [...]. Ich glaube, Sonny war schon an dem Punkt angelangt, wo er sagte, na egal, ob ich jetzt siege oder verliere, was soll's. Er war ziemlich niedergeschlagen.»[123] Alkohol, Schlafstörungen und die Demütigungen durch eine feindselige Öffentlichkeit hatten Liston zermürbt. Der Unbesiegbare von einst war nur noch ein psychisches Wrack.

Die Medien waren mehr an der politischen Begleitmusik als an der sportlichen Brisanz des Kampfes interessiert. Zwei Geschichten machten die Runde – blühender Unsinn zwar, aber Stoff für reißerische Artikel. Gerücht Nr. 1: Nach dem Mord an Malcolm X am 21. Februar 1965 in New York sei ein Killerkommando ange-

heuert worden, um sich an Ali, Elijah Muhammads prominen-
testem Gefolgsmann, zu rächen.[124] Gerücht Nr. 2: Liston sei durch
Hardliner der Nation of Islam massiv eingeschüchtert, seine Sie-
geshoffnung schon vorher gebrochen worden. Kein Gerücht dagegen, eher eine amüsante Episode am Rande: Eines Tages kam
der junge Schwergewichts-Olympiasieger von 1964, Joe Frazier, in
Alis Trainingshalle: «Können Sie mir irgendetwas raten?» Alis
Antwort: *Ja. Nehmen Sie ein bisschen ab und boxen Sie im Halbschwergewicht.*[125]

Der Rückkampf zwischen Ali und Liston war so kurz, dass viele Zuschauer ihre Plätze erst erreichten, als der Ex-Champion bereits ausgezählt war und ein gellendes Pfeifkonzert die Halle er-
schütterte. Drei Schläge reichten Ali, um seinen Herausforderer
von den Beinen zu holen: zwei kurze Linke an den Kopf und eine
krachende Rechte an die Schläfe, ein Blitz von einem Schlag, der
auch in Filmaufnahmen eher zu ahnen als zu sehen ist. Eine von
Listons gefürchteten linken Geraden hatte ihr Ziel verfehlt und
ihn so aus dem Gleichgewicht gebracht, dass er in einen rechten
Konter Alis regelrecht hineinlief. «Den Schlag haben Listons
Augen nie registriert. [...] Es war also ein perfektes Beispiel eines
Schlages, der eine Sinnestrennung herbeiführt. Man hätte diesen
Schlag nicht als besonders kraftvoll bezeichnen können. Es waren
seine Schärfe, sein Tempo und seine Genauigkeit, die den Knock-
out bewirkten.»[126]

Neil Leifer, ein junger Fotograf von «Sports Illustrated», hat
diesen Moment in einem der berühmtesten Fotos der Sportge-
schichte festgehalten. Er drückte genau in der Sekunde auf den
Auslöser, als Muhammad Ali wie ein Rachegott über Liston thron-
te und ihn anschrie: *Steh auf, du Versager!*, anstatt sich in die neu-
trale Ecke zurückzuziehen. «Damals hatte man noch nicht diese
Supertechnik, doch in den ersten Ali-Jahren war man als Fotograf
noch besser dran als Jahre später. Es gab noch drei Seile, nicht vier.
Es gab weniger Lichter, also hatte man einen schwarzen Hintergrund. Auf der Ringverkleidung gab es noch keine Werbung für
MGM Grand oder Bud Lite. Es wurde geraucht, also hatte man
einen dramatischen Dunst. Damals waren die Bilder poetischer.
[...] In dem Moment, als ich das Bild machte, wusste ich, das Ding
ist perfekt.»[127]

Gloria Steinem: why self-esteem is a feminist issue

Special offer: enjoy the Philharmonia Orchestra at reduced prices

A very British taboo: that funny business called death

THE  TIMES

Saturday Review

MUHAMMAD THE GREAT:
ALI HITS 50

Lewiston, 25. Mai 1965: Ali verhöhnt seinen geschlagenen
Gegner Sonny Liston. Bericht der «Times» zum 50. Geburtstag
Alis, Januar 1992

Das Publikum war außer sich vor Empörung. Es war das un-
schöne Ende einer Veranstaltung, in der der Ex-Schwergewichtschampion Jersey Joe Walcott als Ringrichter eine unglückliche
Figur abgab. Die Zählebigkeit der Legende vom «Phantomschlag»

ist wohl nur mit der Faszination von Verschwörungstheorien zu erklären; selbst die früheren Weltmeister Jack Dempsey und Gene Tunney stimmten in den schrillen Chor der Entrüsteten ein. In Kalifornien wurde der Ruf nach offiziellen Ermittlungen wegen «Betrugs am zahlenden Publikum» laut. Dagegen bestätigten Floyd Patterson, José Torres und später auch Sonny Liston, was das Publikum nicht hatte sehen können oder wollen: die verheerende Wirkung eines kurz und hart durchgezogenen rechten Konters, der Liston voll an der Schläfe traf. «Sports Illustrated» veröffentlichte unter der Überschrift «No Phantom Punch» eine Sequenz von vier Fotos, die für sich sprechen.[128] Dieser Schlag ist ein Klassiker der Dundee-Schule: «Ich lehre diesen Schlag. Fester Stand, nach rechts verlagern, die rechte Hand herumführen. Liston sah sie einfach nicht, und das ist dann der Schlag, der dich wegmacht.»[129] Eine alte Boxerweisheit lautet: Der K.-o.-Schlag ist nicht unbedingt der härteste Schlag, sondern der, den du nicht kommen siehst und der dich wie ein Blitz aus heiterem Himmel trifft. Ein Schlag dieses Kalibers fällte Sonny Liston und leitete das Ende seiner Karriere ein.

Ali – Patterson: ein Stellvertreterkrieg

Ali hatte in der Nation of Islam eine spirituelle und politische Heimat gefunden, und diese neue Identität lebte er in vollen Zügen aus. Seine öffentlichen Einlassungen waren nun mit antiweißen Stereotypen aus dem Arsenal Elijah Muhammads aufgeladen. Dennoch legte Ali in seinen Äußerungen über rassistische Strukturen nie jene fanatische Härte an den Tag, die Lesern der Zeitschrift «Muhammad Speaks» auf jeder Seite begegnete: «Selbst wenn er über Rassenfragen spricht – wenn er sagt: ‹Ich will nicht bombardiert werden, ich will nicht angezündet werden, ich will nicht gelyncht oder von Hunden gehetzt werden› –, gibt er mehr einer allgemeinen Furcht Ausdruck als einer wirklichen Rasseneinstellung.»[130]

Alis Haltung gegenüber seinem nächsten Gegner, Floyd Patterson, dem «Lieblingsschwarzen» des weißen Boxestablishments, war rüde und feindselig. Er war außer sich vor Zorn über Pattersons Anti-Black-Muslim-Kampagne, für die ihm «Sports Illustrated» die publizistische Plattform lieferte. Pattersons Artikel lesen sich passagenweise wie politische Pamphlete.[131] Er weigerte sich nicht nur, Ali mit seinem neuen Namen anzusprechen, er schien geradezu darauf versessen, sich als guter Amerikaner und integrationswilliger Schwarzer darzustellen. «Clay ist so jung und wurde von den falschen Leuten dermaßen irregeleitet, dass er überhaupt nicht wertschätzen kann, wie weit [die Schwarzen in den Vereinigten Staaten] bereits gekommen sind und wie viel Schaden er uns durch seine Mitgliedschaft bei den Black Muslims zufügt. Ebenso gut hätte er dem Ku-Klux-Klan beitreten können – eine undemokratische Organisation ist so schlecht wie jede andere.»[132] Pattersons moralischer Kreuzzug gipfelte in dem Verdikt, «dass ein Black Muslim als Schwergewichtsweltmeister eine Schande für den Sport und die Nation»[133] sei.

Munitioniert von den Agitatoren seiner Organisation, nahm Ali den Fehdehandschuh auf. Er verhöhnte Patterson als *rabbit* (Kaninchen), nannte ihn prinzipienlos und feige. Er sei die perfekte Inkarnation des unterwürfigen «Onkel Tom», wie ihn sich der rassistische Mainstream der amerikanischen Gesellschaft nicht besser wünschen könne: *Ich habe nie was Erbärmlicheres gelesen als Pattersons Erklärung in der Zeitung: ‹Ich habe es mit der Integration versucht – es hat einfach nicht funktioniert›.*[134]

Kein anderer großer Boxer war von Selbstzweifeln so zerrissen wie Floyd Patterson, und keiner hat in dieser von archaischen Männermythen geprägten Welt so offen über seine Ängste und die Schmach einer Niederlage gesprochen: «Ein Profiboxer, der k. o. oder schwer geschlagen wird, leidet so, dass er es nie vergisst. [...] Ein Kämpfer, der verliert, verliert mehr als nur seinen Stolz und den Kampf; er verliert einen Teil seiner Zukunft, er ist dem Slum, aus dem er kam, wieder einen Schritt näher gerückt.»[135]

Muhammad Alis zweite Titelverteidigung war ein Kampf der Fäuste und der politischen Parolen. Ein Stellvertreterkrieg, in dem Weltanschauungen aufeinander prallten: Black Muslims gegen NAACP, Segregation gegen Integration, Militanz gegen Gewaltfreiheit. Die Rollen von «bad guy» und «good guy» waren eindeutig verteilt. In einem «Playboy»-Interview goss Ali vor dem Kampf noch einmal Öl ins Feuer: Er wolle Patterson *voller Riss- und Quetschwunden sehen, die Rippen eingedrückt. [...] Das wird das erste Mal sein, dass ich einen brutalen Killerinstinkt in mir züchte.*[136]

Am 22. November 1965 trafen Ali und Patterson schließlich in Las Vegas aufeinander. Je länger der Kampf dauerte, desto erdrückender wurde Alis Dominanz. Es war offensichtlich, dass ihn die Demoralisierung Pattersons interessierte und nicht ein schnelles Kampfende: *Komm schon, weißer Amerikaner!* [137] Dundee war entsetzt über die Rohheit, mit der sein Mann im Ring agierte: «Ali, mach endlich Schluss, um Himmels willen!» Patterson hatte Alis Schnelligkeit und überlegener Physis wenig entgegenzusetzen

außer seiner Courage und Erfahrung. «Ich wollte von einem Treffer fallen, der eines Knockouts auch würdig war. Ich bekam Treffer überall am Kopf, und dann geschah etwas ganz Seltsames. Ein Glücksgefühl überkam mich. Ich wusste, dass das Ende bevorstand.»[138] Ringrichter Harry Krause beendete den völlig einseitigen Kampf in der zwölften Runde.

BLACK MUSLIM, BLACK POWER

Man, I ain't got no quarrel with them Vietcong.

Nachdem Cassius Clay im März 1963 bei der Musterung in der Kategorie 1-A («tauglich») eingestuft worden war, musste er sich am 24. Januar 1964 beim Armed Forces Induction Center in Coral Gables, Florida, noch einmal intensiven körperlichen und intellektuellen Eignungstests unterziehen. Dort präsentierte er sich als kluger, redegewandter junger Mann, der aber zur Verblüffung der Jury an den simpelsten Rechenaufgaben scheiterte – wie schon zu Schulzeiten: *Bei einer Menge solcher Fragen wusste ich nicht nur nicht die Antwort. Ich hatte nicht einmal einen Schimmer, wie ich anfangen sollte, die Lösung zu finden.*[139]

So kam er zu einem Army-Intelligenzquotienten von 78, einer Einstufung, die auch der Überprüfung durch eine Kommission von Psychologen standhielt und ihm eine Eingruppierung in der Kategorie 1-Y («nach den gegebenen Maßstäben untauglich für den Dienst in den bewaffneten Streitkräften») einbrachte. Mit diesem amtlich attestierten intellektuellen Defizit konnte Ali gut leben, bewahrte der 1-Y-Status ihn doch vor Kaserne und Krieg. In den Leserbriefspalten der Tageszeitungen tobte sich dagegen der patriotische Mob aus: Clay, ein Bild von einem Mann – untauglich? Die Frage, wie intelligent Ali tatsächlich sei, erregte für eine kurze Zeitspanne die Nation: «Die Schätzungen reichen von ‹halb schwachsinnig› bis zu ‹Genie›. Verblüffend ist, dass man zur gleichen Zeit beide Eindrücke von ihm erhalten kann.»[140]

Trauma Vietnam

Zwei Jahre später wurde aus dem ruhenden Vorgang erneut ein «Fall». Hintergrund war die militärische Entwicklung in Indochina: Mit der «Tonking-Resolution» hatte Präsident Lyndon B. Johnson uneingeschränkte Vollmachten zur Kriegsführung bekommen, um den Widerstand der Truppen der Demokratischen Republik Vietnam und der in Südvietnam operierenden Vietcong-Guerilla zu brechen. Doch trotz Aufstockung der US-Truppen in Südvietnam auf fast eine halbe Million Soldaten, trotz Flächenbombardements gegen Städte im Norden Vietnams und das dicht verzweigte Versorgungsnetz des Ho-Chi-Minh-Pfads und des massiven Einsatzes von Herbiziden und Krebs erregenden Entlaubungsmitteln wie «Agent Orange» war der Krieg für die amerikanischen GIs und Marines nicht zu gewinnen. Eine Provinz nach der anderen fiel in die Hände der Aufständischen. Immer mehr Amerikaner verfolgten die Brutalisierung des Kriegs mit Entsetzen: Zynische Kosten-Nutzen-Rechnungen (75 Bomben = 1 Feindleiche) oder Drohungen wie die des US-Oberbefehlshabers General Westmoreland, Vietnam «in die Steinzeit zurückzubomben», trieben Hunderttausende auf die Straße.[141]

Am 17. Februar 1966 erfuhr Ali, dass er wieder 1-A war: tauglich für die Armee und den Kriegsdienst in Vietnam. Die Nachricht verbreitete sich wie ein Lauffeuer, Reporter bestürmten ihn mit den immer gleichen Fragen. Und dann, «irgendwann, nach dem zehnten Anruf vielleicht» (so Robert Lipsyte von der «New York Times», der diesen Tag an Alis Seite verbrachte), explodierte Ali und sagte jenen Satz, der ihn am nächsten Tag auf die Titelseiten aller großen Zeitungen brachte: *Man, I ain't got no quarrel with them Vietcong. – Ich persönlich habe kein Problem mit dem Vietcong.*[142] Welch provokative Äußerung in einer Phase der militärischen Eskalation, als immer mehr tote GIs in Bodybags ihre letzte Reise in die Heimat antraten! «Und plötzlich traf er genau den Ton […]. Es war d e r Augenblick für Ali. Für den Rest seines Lebens sollte er wegen dieses Satzes, der wie eine vorbereitete Erklärung wirkte, jedoch gänzlich improvisiert herauskam, geliebt und gehasst werden.»[143]

Von den politischen Gegebenheiten und Protagonisten in Nord- und Südvietnam dürfte Ali damals so gut wie nichts ge-

wusst haben. Als ihn Ida Lewis von der Zeitschrift «Jeune Afrique» fragte, ob er den Vietnamkrieg für einen Rassenkonflikt halte, antwortete er: *Ich habe keine Ahnung, um was für eine Art Krieg es sich handelt. Ich kümmere mich nicht um Politik. [...] Wahrscheinlich werden Ihnen die 100 000 oder 200 000 Studenten und Manifestanten, die durch die Straßen ziehen und gegen den Krieg protestieren, diese Frage am besten beantworten, Ihnen sagen können, um was in Vietnam gekämpft wird.*[144]

Aber Ali lernte schnell dazu, wie sich bei zahlreichen Auftritten in Schulen und Universitäten zeigte. Die Louisville Sponsoring Group ließ nichts unversucht, Ali in der Auseinandersetzung mit der Einberufungsbehörde goldene Brücken zu bauen. Reservedienst, Sanitätsdienst, Pro-forma-Eintritt in die Nationalgarde, Tingeltouren als Truppenbetreuer: alles denk- und machbare Kompromisse, um der letzten Eskalation aus dem Weg zu gehen, dem Verlust von Titel, Geld und Karriere. Muhammad Ali hatte seinen Weg gefunden, und er ging ihn, unberührt von der Woge patriotischen Aufruhrs, konsequent zu Ende. *Allah stellt mich auf die Probe. Ich würde sogar meinen Titel und meinen Wohlstand aufgeben, vielleicht auch meine Zukunft [...] Ich werde an dieser Herausforderung wachsen. [...] Alles, was ich verlange, ist Gerechtigkeit.*[145] Red Smith und andere Kritiker Alis schäumten: «Ali gibt ein ebenso übles Bild ab wie all jene ungewaschenen Strolche, die gegen den Krieg demonstrieren.»[146] Ex-Schwergewichtschampion Jack Dempsey war überzeugt, dass die Zeit Muhammad Alis als Boxer vorbei war: «Wie auch immer sein nächster Kampf ausgehen mag, er ist erledigt. Er sollte sich vorsehen. Jetzt darf er sich kaum noch auf die Straße wagen.»[147] Aber es gab auch Zuspruch für Ali von unerwarteter Seite. In einem Brief versicherte der englische Nobelpreisträger Bertrand Russell, einer der bedeutendsten Philosophen und Mathematiker des 20. Jahrhunderts, Ali seine Solidarität: «Man wird versuchen, Ihnen das Rückgrat zu brechen, weil Sie das Symbol einer Kraft sind, die man nicht zerstören kann, nämlich des erwachten Bewusstseins eines ganzen Volkes, das entschlossen ist, sich nicht länger abschlachten und durch Angst und Unterdrückung demütigen zu lassen.»[148]

Alis nächster Kampf gegen Ernie Terrell, den Schwergewichts-Weltmeister nach WBA-Version, sollte am 29. März 1966 in Chicago stattfinden, in sportlicher wie finanzieller Hinsicht ein echter «blockbuster»: Chicago war die Heimatstadt Terrells und das Machtzentrum der Nation of Islam. Die «Chicago Tribune» entfachte eine Kampagne mit dem Ziel, Ali–Terrell in ihrer Stadt zu verhindern. Die Illinois Athletic Commission lud Ali vor und verlangte eine förmliche Entschuldigung für sein «defätistisches» Vietnam-Statement. Dieser drückte zwar sein Bedauern aus, die Äußerung gegenüber Journalisten und nicht vor den verantwortlichen Behörden gemacht zu haben, rückte aber im Kern keinen Millimeter von seiner Aussage ab: *Ich brauche mich nicht zu entschuldigen, ich stehe hier nicht vor Gericht.*[149] Generalstaatsanwalt William Clark verbot schließlich den Kampf Ali–Terrell in Chicago, weil er gegen staatliche Auflagen verstoße.

Der Senat von Kentucky machte Louisvilles Ambitionen zunichte, sich als Alternative zu Chicago ins Gespräch zu bringen: «[Alis] Haltung diskreditiert alle loyalen Bürger von Kentucky und auch das Andenken der vielen Tausenden, die ihr Leben für dieses Land gelassen haben.»[150] Die Treibjagd war eröffnet. Für Ali schien es in den USA keinen Platz mehr zu geben. Der kurze Weg zum langen Berufsverbot hatte begonnen.

Als schließlich Toronto als Austragungsort des Kampfes fest-
stand, sprang Terrell aus fadenscheinigen Gründen ab; die Vermu-
tung, dass sein Management auf die bevorstehende Degradierung
Alis spekulierte, die ihren Mann automatisch zum «undisputed
champion» gemacht hätte, drängte sich geradezu auf. Lokalmata-
dor George Chuvalo, der Ersatzgegner, galt als «harter Hund».
In seiner zehnjährigen Profi-
karriere war er nicht einmal
zu Boden geschlagen worden.

Die WBA weigerte sich
zunächst, wegen der politischen Querelen Ali–Chuva-
lo als Titelkampf anzuerkennen. Und so kletterte Mu-
hammad Ali am 29. März
1966 im Maple Leaf Garden in
Toronto ebenso ironisch wie
selbstbewusst als *The People's
Champion* in den Ring. Obwohl der Kampf einseitig
war, ging er über die volle
Distanz. Ohne jeden Kratzer
beendete Ali die Auseinandersetzung, während das Gesicht des kanadischen Meisters fürchterlich malträtiert
war, wie es Nat Fleischer
plastisch beschrieben hat:
«He hamburgered Chuvalo's
face.» [151] Dass Chuvalo wieder einmal nicht zu Boden
ging, grenzte an ein Wunder.

Mit Ali drohte auch sei-
ne Marketingagentur Main

WBA, WBC etc.
Lange Zeit war New York im Boxsport
der Nabel der Welt: Hier gab es die bedeu-
tendsten Zeitungen und Radiostationen
des Landes und den Madison Square
Garden als den wichtigsten Veranstaltungsort überhaupt, hier wurden Rang-
listen aufgestellt, Regeln verändert und
Weltmeister gekürt. Die New York State
Athletic Commission, die National Boxing
Association und Nat Fleischers Magazin
«The Ring» waren für Jahrzehnte die welt-
weit akzeptierten Autoritäten im Boxen.
Das TV-Zeitalter beendete die totale
Dominanz New Yorks. Immer häufiger
fanden die Titelkämpfe in den Spielcasi-
nos von Las Vegas oder den Großarenen
der amerikanischen Westküste statt.
Das Nebeneinander konkurrierender
Welt-Boxorganisationen macht seit An-
fang der sechziger Jahre den Überblick
für Nichteingeweihte immer schwerer:
Gründung der World Boxing Association
(WBA) 1962, des World Boxing Council
(WBC) 1963, der International Boxing
Federation (IBF) 1984, der World Boxing
Organization (WBO) 1988 u. a. m. Die Folgen des munteren Buchstaben-Recyclings
der «Alphabet Boys» sind eine wahre
Inflation von Weltmeistertiteln (in jeder
der siebzehn Gewichtsklassen gibt es oft
vier und mehr Titelträger), zweifelhafte
Ranglisten, korrupte Funktionäre, skru-
pellose Promoter.

Bout, Inc., an der mit Herbert Muhammad und John Ali auch zwei
Männer aus dem inneren Zirkel der Nation of Islam beteiligt wa-
ren, ins Abseits zu geraten. Alis Haltung zum Vietnamkrieg war
Gift für die Vermarktungsziele der Firma. Promoter Bob Arum

stellte ernüchtert fest, es sei mittlerweile rentabler, die Kämpfe des Weltmeisters via Satellit nach Europa zu bringen als von der Ost-küste der Vereinigten Staaten an die Westküste: «Clay ist in den USA tote Ware.»[152] So war die Entscheidung von Alis Management, die nächsten Titelverteidigungen gegen Henry Cooper, Brian Lon-don und Karl Mildenberger in Europa stattfinden zu lassen, auch im Interesse von Main Bout.

Armee oder Gefängnis?

Am 21. Mai 1966 stand der britische Meister Henry Cooper im Ar-senal Stadium gegen Muhammad Ali von der ersten Minute an ebenso auf verlorenem Posten (K. o. in der 6. Runde) wie zehn Wo-chen später dessen Landsmann Brian London (K. o. in der 3. Run-de). Dagegen erwies sich Karl Mildenberger, der amtierende deut-sche Schwergewichts-Europameister, am 10. September 1966 im Frankfurter Waldstadion als unerwartet schwerer Gegner für

10. September 1966: Ali boxt im Frankfurter Waldstadion gegen Karl Mildenberger.

den Weltmeister. Der Kampf der Nummer vier der WBA-Rangliste gegen den WBC-Titelträger versprach wenig Spannung: «Der Europameister gegen den Weltmeister. Der brave Defensivkämpfer gegen das größte Boxgenie seit Joe Louis. Die Pfalz gegen die Vereinigten Staaten von Amerika.»[153] «Mildes» unspektakulärer Defensivstil nötigte Respekt ab, mehr nicht. Nur Angelo Dundee warnte vor dem unbequemen Rechtsausleger. Zwei seiner wenigen Niederlagen als Amateur hatte Ali gegen Linkshänder bezogen.

Trotz der für damalige Verhältnisse exorbitant hohen Eintrittspreise (25 bis 300 Mark) strömten 45 000 Zuschauer ins Waldstadion, wo Mildenberger den Kampf seines Lebens boxte. Es dauerte fünf Runden, bis Ali sich auf den unermüdlich nach vorn marschierenden Rechtsausleger eingestellt hatte. Wenig später war seine Dominanz erdrückend. Nach drei Niederschlägen setzte Ringrichter Teddy Waltham dem ungleichen Kampf in der 12. Runde ein Ende. Bei der anschließenden Pressekonferenz zollte Ali Mildenberger höchstes Lob: *Es war der härteste Fight meines Lebens.*[154] Andere, härtere Schlachten sollten indes noch folgen.

Im Herbst 1966 lief Alis Vertrag mit der Louisville Sponsoring Group nach sechs Jahren aus. Neuer Manager wurde am 30. September 1966 Elijah Muhammads Sohn Herbert, der Herausgeber des NOI-Zentralorgans «Muhammad Speaks» – nicht gerade ein Boxenthusiast, aber ein versierter Marketingmann und durchaus pragmatisch im Ausbalancieren von Geld und Moral, wie seine «Antrittserklärung» beweist: «Normalerweise engagieren wir Moslems uns nicht im kommerziellen Sport- und Entertainmentbusiness. Bestreitet aber ein Mitglied unserer Bewegung dort seinen Lebensunterhalt, ist es unsere Pflicht, ihm so gut wie möglich Schutz und Führung zukommen zu lassen. […] Wir waren uns bewusst, ein Konzept verfolgen zu müssen, das in striktem Gegensatz zu den üblichen Praktiken von Hinterzimmerdeals, Absprachen, Zocker- und Gangstermethoden steht. Wir haben mit diesen Praktiken gänzlich aufgeräumt. […] Unser Ziel ist es, durch ein vernünftiges Management von Muhammad Ali schwarze Geschäftsleute zu inspirieren und zu ermutigen, sich im Sportbusiness zu engagieren. Nur so kann ein Teil der Umsätze, die mit schwarzen Superstars gemacht werden, auch wieder in die Hände der Schwarzen zurückfließen.»[155]

John Ali, Herberts Nachfolger als Präsident von Main Bout, machte sich über die Unterstellung lustig, die Black Muslims trachteten nach der totalen Kontrolle der Boxszene: «Wir sind nur wenige unter Tausenden Leuten im Boxsport, wir verfügen über keine Netzwerke und kontrollieren weder Arenen noch Stadien. Niemand sagt, Teddy Brenner [vom Madison Square Garden] sei ein jüdischer Matchmaker oder Angelo Dundee ein katholischer Trainer [...]. Aber genau so stellen sie Herbert Muhammad dar: der Black Muslim, der Sohn des Messenger Elijah Muhammad.»[156]

Am 14. November 1966 stand Ali mit Cleveland Williams in Houston ein Mann gegenüber, der einmal zu den gefürchtetsten Punchern der Boxszene zählte (51 K.-o.-Siege in 71 Kämpfen). Williams hatte das Zeug, zu einem der größten Schwergewichtler seiner Zeit zu werden – bis zu jenem Tag im Jahre 1964, als er nach einem Verkehrsdelikt von einem texanischen Highway-Polizisten beinahe zum Krüppel geschossen wurde.[157]

Vor der riesigen Kulisse von 35 400 Zuschauern in Houstons Astrodome demonstrierte Ali seine ganze Klasse: Er war schnell, konzentriert und schlug mit ungeheurer Präzision atemberaubende Kombinationen. Die 2. Runde, in der er Williams dreimal zu Boden schickte, dürfte zum Spektakulärsten zählen, was seit Jahrzehnten in der Schwergewichtsklasse zu sehen war. In der 3. Runde nahm Referee Harry Kessler den Texaner aus dem Kampf. «The massacre» («Sports Illustrated») revidierte eindrucksvoll das zählebige Urteil, Ali sei zwar mit vielen Talenten gesegnet, zu denen ein harter Punch aber nicht zähle.[158]

Zwölf Wochen später, am 6. Februar 1967, stand Muhammad Ali Ernie Terrell gegenüber, dem amtierenden Weltmeister nach WBA-Version, der seit fünf Jahren ungeschlagen war. Die Brutalität dieses Kampfes peitschte die Emotionen hoch. Es war nicht Terrells überbordendes Selbstbewusstsein, das Ali zu einer wahren Strafaktion im Ring anstachelte, sondern die demonstrative Weigerung seines Gegners, ihn mit seinem muslimischen Namen anzusprechen. Nach sechs Runden blutete Terrell aus einem tiefen Cut über dem rechten Auge; die Schlagwirbel gegen Kopf und Körper lähmten und verwirrten ihn sichtlich. In dieser Phase absoluter Überlegenheit schrie Ali Terrell immer wieder ins Gesicht: *Wie heiße ich? Wie heiße ich?* Ernie Terrell hat später behauptet, sein ge-

brochener Wangenknochen und die Verletzung der Netzhaut habe
er unfairen Attacken Alis zu verdanken (was die Fernsehbilder
nicht belegen).[159] Mehr rüde Schlägerei als regulärer Faustkampf –
die Boxpresse ging mit dem Weltmeister hart ins Gericht: «Ein
schlechter Kampf – widerwärtig aufgeladen mit allem Schlechten,
das religiösem Fanatismus innewohnt», wütete Alis Erzfeind Jimmy Cannon. «Das hatte nichts mehr mit sportlichem Wettkampf
zu tun, das war eine Form des Lynchens.»[160]

Der kurze Wege ins lange Berufsverbot

Der K.-o.-Triumph gegen Zora Folley am 22. März 1967 im Madison Square Garden sollte der vorerst letzte Auftritt des Boxgenies
Muhammad Ali auf seiner ureigenen Bühne sein. Dreieinhalb Jahre lagen vor ihm, in denen ihm das entzogen war, was sein Leben
ausmachte. Seine Entscheidung, eher ins Gefängnis zu gehen als
der Einberufung zur Armee zu folgen, stand für Ali schon Wochen
vor jenem Tag X fest: kein Militärdienst. Kein Absetzen nach Ka-
nada. Keine Deals, keine Kompromisse. Dass Ali die Gefahr sah,
von den *WBA-Bonzen* und den mächtigen Funktionären der New
York State Athletic Commission zu Fall gebracht zu werden, belegt
seine Äußerung vor dem Folley-Kampf: *Dies könnte die letzte Gelegenheit sein, Muhammad Ali live zu sehen […] Vielleicht werde ich dann
in ein bis drei Jahren wieder kämpfen.*[161]

In der juristischen Auseinandersetzung um Alis Einberufung
zog sein Anwalt Hayden Covington, der bereits 1943 Zeugen Jeho-
vas in spektakulären Prozessen gegen die Musterungsbehörde der
US Army verteidigt hatte, eine Karte nach der anderen aus dem Är-
mel – doch keine stach. Am 17. März 1966, einen Monat nach seiner
Reklassifizierung als 1-A, versuchte Ali erfolglos, vor dem Local
Board 47 in Louisville seine Befreiung vom Militärdienst zu erwir-
ken. Bei der nächsten Anhörung am 23. August gab der Ausschuss-
vorsitzende Lawrence Grauman überraschend dem Gesuch statt,
Muhammad Ali als Kriegsdienstverweigerer aus Gewissensgrün-
den anzuerkennen: Er sei integer, werde von hohen moralischen
Grundsätzen geleitet und sei «glaubwürdig in seiner religiös mo-
tivierten Weigerung, an jedweder Kriegshandlung teilzuneh-
men»[162]. Als gläubiger Moslem steckte Ali aber tatsächlich in einer
Glaubwürdigkeitsfalle. Einerseits konnte er durch sein Engage-

ment an Schulen und Moscheen der Nation of Islam glaubhaft machen, dass er als Prediger seiner Glaubensgemeinschaft agierte und durch das Festhalten an den Lehren Elijah Muhammads auch finanzielle Einbußen hinzunehmen bereit war. Andererseits machte er sich mit dem Argument angreifbar, in keinen Krieg ziehen zu dürfen – es sei denn, *er werde von Allah oder dem Messenger Elijah Muhammad erklärt*[163]. Als die Veterans of Foreign Wars und die American Legion ein publizistisches Kesseltreiben gegen Ali begannen, wurde Graumans Entscheidung von der nächsten juristischen Instanz kassiert. Wie riskant das öffentliche Eintreten für Alis Recht, sich dem Militärdienst zu entziehen, war, erfuhr der Journalist Jerry Izenberg am eigenen Leib: Er erhielt Bombendrohungen, sein Auto wurde demoliert, und anonyme Fanatiker wünschten ihn, den Juden, ins Konzentrationslager.

Fünf Tage vor der Einbestellung Alis ins Rekrutierungsbüro der Army in Houston äußerte sich der Weltmeister gegenüber «Sports Illustrated» in einer ungewohnt klaren politischen Diktion: Weshalb solle es ihm in den Sinn kommen, *eine Uniform anzuziehen, um zehntausend Meilen von zu Hause entfernt braunhäutige Menschen in Vietnam mit Bomben und Gewehren anzugreifen, während zur gleichen Zeit so genannte Neger in Louisville wie Hunde behandelt werden? Ginge es darum, in den Krieg zu ziehen, um zweiundzwanzig Millionen meiner Leute Freiheit und Gleichheit zu bringen, bräuchte man mich nicht erst einzuziehen. Ich wäre schon morgen dabei.*[164]

Begleitet von seinen Anwälten und unterstützt von einer Gruppe Demonstranten, betrat Ali am 28. April 1967 gegen acht Uhr morgens das Rekrutierungsbüro der United States Armed Forces in der San Jacinto Street in Houston. Zusammen mit 25 weiteren jungen Männern sollte er als Soldat den Weg nach Fort Polk, Louisiana, antreten. Als der Augenblick kam, der über seine Zukunft entscheiden sollte, blieb Ali standhaft und tat genau das, was Black-Panther-Aktivisten wie Rap Brown und die anderen Demonstranten vor dem Gebäude skandierten: «Hep! Hep! Don't take that step!» Er verweigerte jenen einen symbolischen Schritt nach vorne, der in den USA aus einem Zivilisten einen Rekruten macht. Auch die Drohung, seine Widersetzlichkeit könne ihm bis zu fünf Jahre Haft und eine Geldbuße von 10000 Dollar einbringen, ließ Ali kalt: Er berief sich auf sein Recht, als Priester der reli-

28. April 1967: Muhammad Ali vor der Einberufungsbehörde der US Army in Houston, Texas

giösen Gemeinschaft Nation of Islam keinen Militärdienst ableisten zu müssen. Anschließend verteilte er eine vorbereitete Erklärung an die Presse, in der es hieß: *Meine Entscheidung ist privater und individueller Natur. [...] Falls die Gerechtigkeit siegt und meine verfassungsmäßigen Rechte respektiert werden, werde ich weder zur Armee noch ins Gefängnis gehen müssen. Ich bin zuversichtlich, dass die Gerechtigkeit am Ende auf meiner Seite sein wird.*[165]

Die New York State Athletic Commission brauchte nicht mehr als eine Stunde, um ihre Stellungnahme zum «Fall Muhammad Ali» der Öffentlichkeit mitzuteilen: Sie erkannte dem Weltmeister seinen Titel ab und entzog ihm die Boxlizenz. Die WBA schloss sich dem Kotau der Boxfunktionäre vor dem patriotischen Mainstream umgehend an. Im Klartext bedeutete das: Berufsverbot.

Am 10. Mai 1967 wurde Ali von der Federal Grand Jury in Houston angeklagt. Nach der erkennungsdienstlichen Behandlung wurde er gegen eine Kaution von 5000 Dollar und der Auflage, das Land nicht zu verlassen, auf freien Fuß gesetzt. Eine Ära ging zu Ende, eine andere brach an: Alis Boxexil.

1967–1970: Exil und Comeback

Hell no, I ain't going to go!

«[...] und da stand dieser schöne, witzige, poetische junge Mann auf und sagte: Nein! Das müssen Sie sich einmal vorstellen! Der Weltmeister im Schwergewicht, ein magischer Mann, verlagert seinen Kampf aus dem Ring heraus in die Politik und bleibt standhaft.»[166] So wie die Dichterin Sonia Sanchez reagierten viele aus der schwarzen Community, Prominente wie Namenlose, Parteigänger wie eingeschworene Gegner der Black Muslims, als Ali sich der Einberufung in die US Army widersetzte. Am 19. Juni 1967 verwarf eine nur aus Weißen bestehende Jury den Einspruch von Alis Anwälten. Richter Ingraham kannte keine Gnade: fünf Jahre Gefängnis, Einziehung des Reisepasses und eine Geldbuße von 10 000 Dollar. Damit war Alis boxerische Zukunft auch außerhalb der USA auf absehbare Zeit verbaut.[167] Härter war nicht einmal Grover Cleveland Bergdoll bestraft worden, der berühmteste amerikanische Kriegsdienstverweigerer aus dem Ersten Weltkrieg.

Der Fernsehjournalist Howard Cosell brandmarkte die Degradierung Alis als «einen Gewaltakt, eine absolute Schande»[168]. Mark Kram sieht dagegen in Ali nichts anderes als einen «nützlichen Idioten», eine Marionette in den Händen einer «kriminellen Vereinigung»: «Hagiographen versuchten [...], Ali in den Rang eines heroischen, trotzigen Katalysators der Antikriegsbewegung und der schwarzen Unabhängigkeitsbewegung zu erheben. [...] Die traurige Wahrheit aber ist, dass die Muslims auf Ali spielten wie auf einer Harfe.»[169] Manche Indizien mögen für eine solche Sicht der Dinge sprechen, etwa die Drangsalierung kritischer Ratgeber in Alis Umfeld durch Black-Muslim-Kader. Tatsache ist aber auch, dass Ali glaubwürdig und konsequent an seiner einmal getroffenen Entscheidung festhielt.

Angelo Dundee war überzeugt, dass selbst ein Gefängnisaufenthalt Alis Karriere nicht den Todesstoß versetzen könnte: «Ich denke, dass er auch im Gefängnis in Form bleiben würde – wenn man ihm dazu die Gelegenheit gibt. [...] Er würde das Gefängnis als der nach wie vor beste Boxer der Welt verlassen, weil er zu jung ist, um seinen einzigartigen Speed und seine Reflexe einzubüßen.»[170]

Eine neue Liebe: Belinda

Gebete in der Moschee, Teilnahme an Versammlungen seiner Glaubensbrüder, tägliches Koranstudium, Vorträge an Colleges: so sah Alis Leben nach seiner Aussperrung aus der Welt des Boxens aus. In dieses Leben trat 1967 eine neue Frau: Am 17. August heiratete er die siebzehnjährige Belinda Boyd, eine groß gewachsene, attraktive Frau und überzeugte Muslimin. Sie arbeitete in einer der NOI gehörenden Bäckerei. Belinda und Muhammad sahen sich zum ersten Mal 1961 in der University of Islam in Chicago. Damals war Belinda elf Jahre – alt genug, um den allseits hofierten Boxstar, der ihr ein Autogramm überreichte, selbstbewusst zu belehren: «Mann, du malst ja nur Buchstaben hintereinander! Du solltest wieder zurück zur Schule gehen und schreiben lernen [...].»[171] Sechs Jahre später machte Ali der vorlauten Göre von damals einen Heiratsantrag. Für Belinda war Ali die große Liebe. Und für Ali war Belinda die Frau, nach der er seit der Trennung von Sonji gesucht hatte. «Über eins achtzig groß, ebenso schön proportioniert wie ihr Mann, besaß sie die klassischen Züge einer griechischen Statue. Und wären diese gemeißelten Züge nicht um eine Winzigkeit feiner gewesen als die ihres Mannes, hätte sie dem Aussehen nach seine Schwester oder vielmehr sein weibliches Gegenstück sein können»[172]: So beschrieb Norman Mailer die neue Frau an Alis Seite.

In der Öffentlichkeit wirkte Belinda wie eine Traumbesetzung in der Rolle der zurückhaltenden muslimischen Ehefrau – «strict, strong, and moral». Wer das Paar jedoch näher kannte, lernte eine ganz andere Belinda kennen: selbstbewusst, fordernd und schlagfertig. Den schwarzen Karategürtel besaß Alis Frau nicht zufällig. An Reife und innerer Festigkeit war sie ihrem acht Jahre älteren Mann überlegen. Belinda brachte in den Jahren mit Ali vier Kinder zur Welt: Maryum (die sich als Rapperin später

MayMay nennen würde), die Zwillinge Rasheeda und Jamillah
und Muhammad Junior. Ali war verrückt nach Kindern. Hätte
er nur bei der Erziehung seines Nachwuchses eine ähnliche Ausdauer wie in seinen großen Ringschlachten an den Tag gelegt, er
wäre, so Belinda, ein wunderbarer Vater ohne Fehl und Tadel ge-

wesen: «Er hatte nicht die Geduld, sich ‹fulltime› um die Kinder zu kümmern. Er war gut für rund zwanzig Minuten. ‹Oh, wie süß, wie reizend dieses Baby ist!› Und das war's dann. ‹Bitte, nimm es.›»[173]

Wenige Monate nach der Aberkennung des Weltmeistertitels tat sich für Ali, den schwere Geldsorgen plagten, eine neue Verdienstquelle auf. Im Auftrag von Richard Fultons Speakers Bureau, das landesweit prominente Redner unter Vertrag hatte, startete er eine Lecture-Tour: Er hielt an Colleges im ganzen Land Vorträge in der Ali-typischen Mixtur aus Predigt und Agitprop. Was so leichtfüßig und halb improvisiert daherzukommen schien, war wegen seiner ausgeprägten Lese-Rechtschreib-Schwäche Resultat harter Arbeit. Er durchforstete den Koran, die Schriften Elijahs, die Bibel und mitunter die Tagespresse nach «Zauberworten», nach verwertbaren An- und Einsichten, die er, thematisch sortiert, auf Karteikarten festhielt. Sein überwiegend weißes Publikum war beeindruckt, amüsiert und nur selten provoziert von seinen Ansichten über Gott und die Welt. Zwar hatte seine Einschätzung des Vietnamkriegs an Schärfe und Tiefe gewonnen; daneben vertrat er aber auch reichlich bizarre Positionen aus dem ideologischen Arsenal der Black Muslims, die selbst viele seiner schwarzen Zuhörer kopfschüttelnd als «bullshit» quittierten: rassistische Ressentiments gegen Liebesbeziehungen zwischen Weißen und Schwarzen, offen sexistische und antihomosexuelle Positionen.[174]

Aber welche Themen und Thesen er auch immer präsentierte: Mit Charme, Witz und rhetorischen Kabinettstücken brachte er das Publikum auf seine Seite. *Ich habe in neunzig Colleges gesprochen, in Yale, Harvard, dem MIT, in Princeton, Columbia, Purdue, Colgate und kleinen, unbekannten Colleges wie Alcorn, Bethune-Cookman oder Miles, und immer haben sie mich gefragt, wer mir eigentlich das Boxen verbietet. Auf jedem Campus, in jeder Straße kommen sie mir nachgelaufen, als wäre ich der Rattenfänger von Hameln.*[175] FBI-Agenten zählten, wo immer er auftrat, zu seinen aufmerksamsten Zuhörern, wie zahlreiche Ordner voller akribischer Mitschriften belegen.[176]

Muhammad Alis bedingungslose Loyalität zu den Black Muslims wurde im Frühjahr 1969 einer Bewährungsprobe unterzogen: In einer am 4. April in «Muhammad Speaks» abgedruckten

Erklärung («We tell the world we're not with Muhammad Ali») unterrichtete Elijah Muhammad die interessierte Öffentlichkeit vom Ausschluss Muhammad Alis aus der Nation of Islam. Damit war ihm neben dem Boxen auch seine spirituelle Heimat und Ersatzfamilie genommen worden. In einem von ABC ausgestrahlten Interview mit Howard Cosell hatte Ali auf die Frage, ob er an eine Fortsetzung seiner Ringkarriere glaube, geantwortet: *Warum nicht, wenn das Geld stimmt?* [177] Der «Messenger» sah sich in seiner Verachtung des Faustkampfs bestätigt und reagierte rigoros: Ali wurde, zunächst für ein Jahr, aus der Organisation verbannt, alle Kontakte zu Moslems wurden ihm ebenso untersagt wie Gebete in der Moschee.

Schlimmer noch war das Verbot, seinen moslemischen Namen weiter tragen zu dürfen. Aus Muhammad Ali war wieder Cassius Clay geworden. Welch ein Triumph für alle, die ihn wegen seines neuen Namens mit Hass und Häme verfolgt hatten! Drei Jahre lang wurde Ali von der NOI geschnitten. Von seiner triumphalen Rückkehr in den Ring gegen Jerry Quarry 1970 in Atlanta war in der Muslim-Presse ebenso wenig zu lesen wie vom ersten Kampf gegen Joe Frazier – und das, nachdem die Herausgeber von «Muhammad Speaks» ihr Blatt jahrelang mit Bildern und Homestorys des Champions geradezu gepflastert hatten.[178] Ali beugte sich der Degradierung durch die Nation of Islam klaglos. Denn die Zeit arbeitete für ihn. Gemeinsam mit Harold Conrad sondierte Herbert Muhammad hinter den Kulissen (und hinter dem Rücken seines Vaters) die Bedingungen für eine Rückkehr des Champions ins Profiboxen.

Alis desolate Finanzsituation zwang ihn, auch auf reichlich zweifelhafte Angebote einzugehen. Über die Titelrolle im Musical «Buck White» pflegte er in späteren Jahren den Mantel des Schweigens zu breiten. Seine Mitwirkung in Jimmy Jacobs' Dokumentarfilm «A/K/A Cassius Clay» brachte ihm ganze tausend Dollar ein. Finanziell reizvoller, wenn auch sportlich obskur war sein Auftritt in Murray Woroners computeranimierten Kämpfen um den Titel des «wahren Weltmeisters aller Klassen». Woroners Idee war unter Marketinggesichtspunkten viel versprechend: Er gab Filmmaterial von sechzehn Schwergewichtsweltmeistern (Bewegungsmuster, Finten, Jabs, Haken, K.-o.-Schläge, Gesichtsstudien etc.) in den Computer ein. Gut gerüttelt und geschüttelt, und fertig war ein Potpourri von Kampfpaarungen, die es in Wirklichkeit so nie gegeben hat. Am spektakulärsten war der Auftritt von Ali und Rocky Marciano, die – im Unterschied zu den anderen Protagonisten des virtuellen Boxchampionats – 75 einminütige Runden gegeneinander «gekämpft» hatten (vorher hatte Rocky allerdings 50 Pfund abnehmen müssen). Bert Sugar, der Herausgeber von «Boxing Illustrated», nannte das Experiment «eine verdammt verrückte Geschichte und eine traurige, weil Marciano drei Wochen nach der Produktion des Films bei einem Flugzeugabsturz ums Leben kam und nicht mehr erfahren sollte, wer eigentlich gewonnen hatte»[179].

Jack Johnson, Joe Louis, Muhammad Ali

Alis Zwangspause dauerte dreieinhalb Jahre. In dieser Zeit erlangte er durch seine Haltung zum Vietnamkrieg und den Rassenkonflikten in den USA eine Bedeutung, die jede sportliche Dimension transzendierte. So ist für den ehemaligen schwarzen Tennisstar Arthur Ashe der Zusammenhang zwischen Alis unbeugsamer Haltung gegenüber den Einberufungsbehörden und der Black-Power-Provokation 1968 während der Olympischen Sommerspiele in Mexico City evident, als die 200-Meter-Läufer Tommie Smith und John Carlos das Abspielen der amerikanischen Nationalhymne bei der Siegerehrung mit ihren emporgereckten schwarzen Fäusten beantworteten. «Ali brachte sein athletisches Talent mit den sozialen Bewegungen der sechziger Jahre zusammen, als er ebenso wie die schwarze Sozialrevolte auf dem Höhepunkt war. Dadurch wurde er zu einer Ikone für buchstäblich Millionen von schwarzen Amerikanern.»[180] In seiner Studie «The Revolt of the Black Athlete» beschreibt Harry Edwards, weshalb selbst erklärte Gegner der Black Muslims Ali als Galionsfigur des politischen Protests in jenen Jahren ansahen: «Er rebellierte als Sportler in einer Zeit, als er völlig allein dastand. Er verlor praktisch alles, was man als Athlet nur verlieren kann – sein Prestige, sein Einkommen, seinen Titel. Aber er bewahrte [...] das Entscheidende: seine Würde als Schwarzer.»[181]

Ali war sich seines Stellenwerts in der politischen Ikonographie der USA jener Jahre durchaus bewusst. Im Lichte zeitgenössischer historischer Bewertung stehen die Namen Jack Johnson, Joe Louis und Muhammad Ali für drei Phasen des gesellschaftlichen Emanzipationsprozesses der Schwarzen in den USA.

Jack Johnson war der erste schwarze Schwergewichtsweltmeister überhaupt, eine skandalumwitterte Figur und vermutlich «der geschmähteste Schwarze seiner Zeit [...]. Er spielte sogar mit dem sexuellen Subtext des Hasses, der gegen ihn gerichtet war. [...] Johnson war wunderbar in seinem Rebellentum. Er besaß grotesk teure Autos und trank alte Weine mit dem Strohhalm. Er las englische, französische und spanische Literatur [...] und spielte Bassviole [...].»[182] Als Jim Jeffries, «die große weiße Hoffnung», am 4. Juli 1910 in Reno, Nevada, gegen Jack Johnson in den Ring trat,

Max Schmeling und Joe Louis vor ihrem ersten Kampf in New York (1936), den Schmeling gewann.

unterstützte ihn der fanatisierte Mob mit «Kill the nigger!»-Sprech-chören. Nach Johnsons triumphalem Sieg brachen schwere Ras-senkrawalle aus, bei denen neunzehn Menschen ihr Leben verlo-ren und Tausende inhaftiert wurden.[183] Jack Johnson hatte einen ideologischen Stützpfeiler der «White supremacy» zertrümmert: dass Weiße Schwarzen in jeglicher Hinsicht, geistig wie körperlich, einen zivilisatorischen Schritt voraus seien. Anders als Muham-mad Ali besaß Johnson aber kein explizit politisches Bewusstsein. Er vertrat eine hedonistische Lebensphilosophie: Nimm dir als Schwarzer alles, was das Leben von Weißen angenehm macht – weiße Frauen, weißes Geld, weiße Vergnügungen.

Joe Louis blieb es vorbehalten, die weiße Dominanz im Box-sport endgültig zu brechen. Sein Trainer «Chappie» Blackburn und sein Manager John Roxborough hatten den «braunen Bomber» als Gegenmodell zum ewigen Provokateur Jack Johnson entworfen und in ein Korsett rigoroser Verhaltensmaßregeln gesperrt. Am «Champion aller Rassen und Klassen» musste alles Ungehobelte, Rohe, Aufsässige abgeschliffen werden. Der Moralkodex reichte vom Verbot jeglicher Emotionen der Freude, der Genugtuung oder des Triumphes im Ring bis zum strikten Verbot, sich mit einer wei-ßen Frau fotografieren zu lassen. Louis' Aufstieg vom Underdog zum Sportheros, der am 22. Juni 1938 den «Nazi» Max Schmeling in New York nach wenigen Sekunden vernichtend besiegte, hat die amerikanische Öffentlichkeit ebenso erregt, wie sein späterer kör-perlicher und geistiger Verfall sie bewegt hat. Kokain und Alkohol, verkorkste Liebesgeschichten, Spiel- und Steuerschulden besiegel-ten seinen Absturz. Joe Louis beendete sein Leben als «Grußonkel» im Spielkasino des Caesars Palace in Las Vegas.

Oktober 1970: Alis Comeback

Es lag nicht zuletzt an der veränderten innenpolitischen Konstel-lation in den Vereinigten Staaten, dass die Tristesse des Boxexils nach 43 Monaten für Muhammad Ali endlich zu Ende ging. Zu viele tote GIs in Vietnam, zu viel wütender Protest auf den Straßen Ame-rikas – und keinerlei Aussichten, das Schlachtfeld in Indochina als militärischer Sieger zu verlassen. 1970 war die amerikanische Ge-sellschaft gelähmt und demoralisiert durch die bestürzenden Bil-der vom fernen Dschungelkrieg. Ob ein Kriegsdienstverweigerer wie Muhammad Ali wieder als Boxer in den Ring zurückkehren durfte oder seine Zeit zu Hause mit der Lektüre des Korans verbrachte, schien nicht einmal mehr die konservativsten Hardliner in den USA zu interessieren.

> «Und damit stehen wir immer wieder der grausamen Ironie gegenüber, schwarze und weiße Jungen an den Fernsehschirmen zu beobachten, wie sie gemeinsam töten und gemeinsam sterben für eine Nation, die unfähig ist, sie auch nur miteinander an die gleiche Schulbank zu setzen.»
> Martin Luther King Jr., 1967

Mittlerweile war Joe Frazier im Schwergewicht das Maß aller Dinge. Als Titelträger der New York Boxing Commission hatte er am 16. Februar 1970 Jimmy Ellis, den Sieger des WBA-Relegationsturniers um die Nachfolge Alis als Schwergewichtschampion, in der 5. Runde entscheidend geschlagen.[184] Wenig später erkannte auch «The Ring» Frazier als Weltmeister aller Klassen an, nachdem die Zeitschrift bis dahin unbeirrt an Ali festgehalten hatte.

Promoter Harold Conrad hatte sich in den dreieinhalb Jahren von Alis aufgezwungener Boxabstinenz als dessen treuester Verbündeter erwiesen. In zweiundzwanzig Staaten der USA setzte er Himmel und Hölle in Bewegung, um dem ehemaligen Boxweltmeister eine Lizenz zu besorgen. Aber nicht einmal für einen Schaukampf in einer Stierkampfarena im mexikanischen Tijuana wurde eine Ausnahme gemacht, geschweige denn im Kalifornien des republikanischen Gouverneurs Ronald Reagan. Eine realistische Chance, wieder in den Ring zurückzukehren, bot sich Ali, als Fred Hofheinz, der Besitzer des Astrodome in Houston, ihm umfassende juristische und finanzielle Hilfe anbot, *ein Angebot, das ich aber unmöglich annehmen konnte. [...] Als Gegenleistung für seine Hilfe verlangte er einen fünfjährigen Exklusivvertrag mit mir [...] und einen Prozentsatz meiner Einnahmen, der mich an meine Louisville-Millionäre erinnerte.*[185]

In Atlanta, der Hauptstadt von Georgia, gelang schließlich aufgrund günstiger politischer Konstellationen der Durchbruch.[186] Um Alis Comeback-Kampf mit Jerry Quarry abzusichern, ließ Harold Conrad Ali Anfang September 1970 am Morehouse College in Atlanta gegen drei Sparringspartner boxen. Als niemand daran Anstoß nahm, stand einem Kampf Ali–Quarry nichts mehr im Weg.

Was am Abend des 26. Oktober 1970 in Atlanta über die Bühne ging, war ebenso sehr Boxevent wie politische Manifestation.

Klassisches Boxpublikum mischte sich mit der schwarzen Promi-
nenz aus Politik und Kultur, als der Soulsänger Curtis Mayfield das
«Star Spangled Banner» mit dem Text von José Feliciano intonier-
te: Jesse Jackson war gekommen, Sidney Poitier, Ralph Abernathy,
Bill Cosby, die Supremes und Coretta Scott-King, die Witwe des er-
mordeten Bürgerrechtskämpfers. Martin Luther King Jr. hatte Jahre zuvor Ali einen «Champion der Rassentrennung» genannt;
nun würdigte ihn seine Witwe als «Champion der Gerechtigkeit,
des Friedens und der Menschenwürde».[187]

Mehr als eine halbe Million Menschen im ganzen Land fie-
berten dem Comeback des «Größten» vor Großkinoleinwänden
entgegen – und sie wurden nicht enttäuscht. In der 3. Runde brach
Ringrichter Tony Perez den Kampf ab, weil eine stark blutende
Wunde über dem linken Auge Quarry kampfunfähig machte.[188]

Noch war Ali nicht in der körperlichen Verfassung, um Joe
Frazier Paroli bieten zu können. Er hatte unübersehbar an Gewicht zugelegt, war muskulöser und kompakter geworden. Und er
war bei weitem nicht mehr so schnell auf den Beinen wie früher.
Damit brach seine «erste Linie der Verteidigung weg, und er entdeckte etwas, was gleichzeitig sehr gut und sehr schlimm für ihn
war. Schlimm, weil es ihm die körperlichen Schäden einbrachte,
an denen er in der Spätphase seiner Karriere leiden sollte. Und gut,
weil es ihm ermöglichte, den Weltmeistertitel zurückzugewinnen: Er entdeckte, dass er Schläge wegstecken konnte.»[189] Bereits
am 7. Dezember 1970, als er im Madison Square Garden auf Oscar
Bonavena traf, war er mehr auf seine Nehmerqualitäten angewie-
sen, als ihm lieb sein konnte. Übergewichtig und ungewohnt apa-
thisch wirkend, lieferte Ali seinen nach eigener Einschätzung bis
dahin schwächsten Kampf als Profi. Einziger Höhepunkt: Alis ful-
minanter K.-o.-Schlag gegen den Argentinier in der 15. Runde, so
spektakulär, dass er den trostlosen Rest fast vergessen ließ.[190] Aber
die Warnsignale waren unübersehbar: Ali war nicht mehr der
Boxgott früherer Jahre.

Ali – Frazier I

Die drei Kämpfe zwischen Frazier und Ali, insbesondere dieser erste (1971: «The Fight of the Century») und der mythenumwobene
letzte (1975: «The Thrilla in Manila»), zählen zu den erregendsten

8. März 1971: Im Madison Square Garden geht Muhammad Ali in der 15. Runde seines ersten Kampfes gegen Joe Frazier zu Boden.

Ringschlachten in der Geschichte des Boxsports: epische Konfrontationen von brutaler, archaischer Wucht.

Joe Frazier war seit sechs Jahren ungeschlagen, seine Kampfbilanz eindrucksvoll: 23 Knockouts in 26 Kämpfen. Als er endlich 1971 auf Ali traf, war es eine einmalige Konstellation. Noch niemals zuvor hatten sich zwei Olympiasieger, die zugleich ungeschlagene Weltmeister waren, im Ring gegenübergestanden. Ali–Frazier war auch die Konfrontation zweier Männer, die von Temperament, Stil und Charakter nicht unterschiedlicher hätten sein können.

Ali verhöhnte Frazier in aller Öffentlichkeit als Provinzler mit *hinterwäldlerischem* South-Carolina-Slang. *Jeder Schwarze, der sich für Joe Frazier ausspricht, ist ein Verräter. [...] Die Einzigen, die ihm die Stange halten, sind Weiße in Anzügen, Sheriffs aus Alabama und Typen vom Ku-Klux-Klan. Ich kämpfe dagegen für die kleinen Leute aus dem Ghetto.*[191] Ein peinlicher Ausrutscher, ein schlechter Witz: Verglichen mit Frazier, der als eines von dreizehn Kindern auf einer

Farm in Beaufort, South Carolina, aufgewachsen war und wusste, was Armut war, kam Ali aus sozial stabilen Verhältnissen. Diese Denunziation hat Frazier Ali bis heute nicht verziehen.

«Sports $ 5 Million Payday», titelte «Sports Illustrated» am 25. Januar 1971. Die treibenden Kräfte hinter der bis dahin größten Kampfbörse in der Boxgeschichte waren zwei Kalifornier: Jerry Perenchio, Chef der in Beverly Hills ansässigen Künstleragentur Chartwell Artists, Ltd., die unter anderem Liz Taylor und Jane Fonda vertrat, und Jack Kent Cooke, der millionenschwere Besitzer der Los Angeles Lakers und Los Angeles Kings.[192]

Ali – Frazier I war in New York Stadtgespräch und löste eine «geradezu hysterische Anteilnahme»[193] aus: «Das Interesse an diesem Kampf überstieg alles, was es im Boxen bisher gegeben hatte. [...] Die Atmosphäre erinnerte mehr an eine Präsidentschaftswahl als an einen Boxkampf. Friseurgeschäfte wurden zertrümmert, und selbst Frauen schrien sich gegenseitig unter ihren Haartrocknern an.»[194] Mit 20 455 Zuschauern war der Madison Square Garden am 8. März 1971 ausverkauft. Rund 300 Millionen Menschen überall auf der Welt wurden vor den Fernsehgeräten Zeugen eines aufregenden Schlagabtauschs.

Seit dem frühen Abend glich der Garden einer belagerten Festung. Berittene Polizisten vor und Sicherheitspersonal in der Arena waren zum Schutz der Prominenten aus der «New Yorker Nerz- und Brillantenbrigade samt zugereistem Chic»[195] aufgeboten worden.

Boxexperten und Buchmacher setzten auf den amtierenden Weltmeister. Joe Frazier war im Zenit seines Könnens und entschlossen, endlich aus dem Schatten des «Größten» herauszutreten. Mit seinen verbalen Ausfällen gegen Frazier hatte Ali sich einen Bärendienst erwiesen: Der Weltmeister ging mit Wut und Willensstärke im Ring zu Werke, «heiß gemacht» von Manager Yank Durham und auf den Punkt eingestellt von Trainer Eddie Futch. Nach ausgeglichenen ersten Runden schluckte Ali mehr schwere Kopf- und Körpertreffer als je zuvor in seiner Laufbahn. Die Ringschlacht nahm von Runde zu Runde an Intensität und Dramatik zu. In der 11. Runde stand Ali am Rande eines K. o. «Ich weiß nicht, wie er diese Runde überlebt hat. Das war spektakulär»[196], sagte Angelo Dundee später. In der 15. Runde schlug ihn

Frazier dann mit einem fulminanten linken Haken zu Boden. Ali war zwar rasch wieder auf den Beinen, aber der Kampf war zugunsten Fraziers entschieden. An diesem Abend hätte vermutlich niemand «Smokin' Joe» stoppen können. Es war der mit Abstand stärkste Kampf in Fraziers Karriere. «Ich war 27 Jahre alt, und einen Abend wie diesen würde es in meinem Leben kein zweites Mal geben.» [197]

Dennoch ging Ali, dessen Kiefer noch in der Nacht geröntgt werden musste, längst nicht so gezeichnet aus dem Kampf hervor wie sein Gegner. Frazier wurde im St. Luke's Hospital von Philadelphia für vierundzwanzig Stunden in ein Eisbett gepackt, um die schlimmsten Blessuren zu kühlen. Erst nach drei Wochen konnte er das Krankenhaus verlassen, weil eine Niereninfektion in Kombination mit extrem hohem Blutdruck die Ärzte alarmiert hatte.

Fast zwanzig Jahre nach dem «Fight of the Century» unterstrich Ali in einem Gespräch mit Marc Albert von NBC die Bedeutung des ewigen Antipoden für seine eigene Entwicklung: *Joe Frazier half Muhammad Ali, der zu werden, der er heute ist. Hätte es Joe Frazier nicht gegeben, wäre ich nicht der, der ich heute bin.* [198]

Der Tänzer tanzt nicht mehr

JAHRHUNDERTKÄMPFE:
GEORGE FOREMAN UND JOE FRAZIER

Joe und ich gingen als Champions nach Manila.
Wir kehrten als alte Männer zurück.

Am 28. Juni 1971 kassierte der United States Supreme Court das alte Urteil gegen Muhammad Ali. Damit waren sämtliche strafrechtlichen Konsequenzen obsolet. Hätte das Gericht den Urteilsspruch von 1967 bestätigt, wäre Ali hinter Gitter gewandert.[199] Er ahnte zu diesem Zeitpunkt nicht, dass ihn noch mehr als drei Jahre und dreizehn Gegner von der Rückeroberung seines Weltmeistertitels trennten.

Vom Sommer 1971 bis zum Spätherbst 1972, in gerade einmal sechzehn Monaten, trat Ali gegen neun Gegner an: Jimmy Ellis, Buster Mathis, Jürgen Blin, Mac Foster, George Chuvalo, Jerry Quarry, Al Lewis, Floyd Patterson und Bob Foster.[200] Neun Siege, davon sechs durch Knockout, eine beeindruckende Serie und doch wenig aufschlussreich: Vorgeplänkel vor der großen Herausforderung, dem Rückkampf gegen Frazier.[201]

Zwei Monate nachdem er am 20. September 1972 in New York mit Floyd Patterson in dessen letztem Profikampf kurzen Prozess gemacht hatte, sollte Ali in Johannesburg gegen Al Jones antreten. Bob Arums PR-Agentur Top Rank, Inc., war mit ihrem südafrikanischen Partner Reliable N.E. Promotions übereingekommen, wegen des weltweiten Sportboykotts gegen den Rassistenstaat die politischen Risiken durch «multirassische» Rahmenbedingungen, also durch punktuelle Aussetzung üblicher Apartheid-Schikanen, zu minimieren. Der Kampf scheiterte schließlich an der mangelnden Kreditwürdigkeit der südafrikanischen Veranstalter.

Vorher aber redete sich Ali beim Versuch, dem menschenverachtenden Apartheidsystem in Südafrika etwas Gutes abzugewin-

nen, beinahe um Kopf und Kragen: *Ich glaube an dasselbe wie sie –
an Rassentrennung. Alles, was gesunde Vernunft besitzt, will mit seines-
gleichen zusammen sein. [...] So klein das Gehirn der Ameise ist: Rote
Ameisen wollen mit roten Ameisen zusammen sein und schwarze mit
schwarzen.*[202]

Im Herbst 1972 ging für Ali ein Traum in Erfüllung: In Deer
Lake, Pennsylvania, auf einem Berg in den Poconos, entstand sein
eigenes Trainingscamp: «Fighter's Heaven», das Himmelreich für
einen Boxer. Eine Idee aus Archie Moores Camp in den Bergen von
San Diego adaptierte Ali für Deer Lake: die riesigen ikonographi-
schen Felsblöcke mit den Namen der größten Boxer aller Zeiten.
*Einen riesigen Vierzig-Tonnen-Block nannte ich Joe Louis; einen großen
flachen Rocky Marciano; der schönste, eine Rarität von einem Zwanzig-
Tonnen-Brocken Kohle, ist nach Jack Johnson benannt.*[203]

Am 22. Januar 1973 wurde Joe Frazier in Kingston, Jamaica,
völlig überraschend von George Foreman nach allen Regeln der
Boxkunst demontiert. Innerhalb von vier Minuten und fünfund-
dreißig Sekunden schickte Foreman den Weltmeister sechsmal zu
Boden. Nun stand einem Rückkampf zwischen Ali und Frazier
nichts mehr im Wege. Der Sieger von Ali – Frazier II wäre automatisch Herausforderer des neuen Champions George Foreman.[204]
Um die Wartezeit vor dem nächsten «Jahrhundertkampf» zu
überbrücken, trat Ali am 31. März 1973 in San Diego gegen den
kaum bekannten Ken Norton an. Nie zuvor hatte Ali einen Gegner dermaßen unterschätzt. Die Folgen waren fatal.[205] In diesem
Kampf zog sich Ali die einzige schwere Verletzung in seiner gut
zwanzigjährigen Profikarriere zu, als ihm Norton in der 2. Runde
den Unterkiefer brach. Normalerweise hätten Dundee und Pacheco ihren Schützling sofort aus dem Ring nehmen müssen. Sie ta-
ten es nicht. Trotz fürchterlicher Schmerzen stand Ali die zwölf
Runden durch – aber er verlor den Kampf nach Punkten. Auch Alis
Frau landete im Krankenhaus – nach einem hysterischen Anfall:
Belinda *schlug nach einem Polizisten und brüllte die ganze Zeit: ‹Muhammad Ali ist tot! Sie haben ihn umgebracht!›*[206]

Tot war Ali zwar keineswegs, aber der zertrümmerte Kiefer
brauchte sechs Monate, um vollständig auszuheilen. Am 10. September 1973 fand in Los Angeles der Rückkampf gegen Norton
statt, und Ali war «heiß» auf ihn: *Ich habe einen Nobody gesucht und*

Ali in Deer Lake, Pennsylvania, wo er 1972 ein eigenes Trainingscamp errichtete. Im Hintergrund ein Felsblock mit dem Namen eines Boxidols

*ein Monster geschaffen. Ich habe ihn berühmt gemacht, nun wird er lei-
den müssen.*[207] Obwohl er zu einem knappen, aber unumstrittenen
Punktsieg kam, sah Ali erneut schlecht gegen Norton aus.

Ali – Frazier II

Am 28. Januar 1974 fand in New York der mit Spannung erwartete
Rückkampf zwischen Frazier und Ali statt, und wieder war der
Madison Square Garden ausverkauft. Aber Ali – Frazier II hielt bei
weitem nicht, was ihr erster Kampf versprochen hatte. Obwohl

Frazier im Ring erneut wie ein Berserker arbeitete, gelang es ihm nur selten, Ali an den Seilen zu stellen und mit Körpertreffern mürbe zu machen.

Denn bei aller Boxkunst war Ali auch in den defensiven Techniken des Haltens und Verzögerns weltmeisterlich, wie Norman Mailer bestätigt: «Hätte man Karatetricks im Boxring zugelassen, wäre Ali darin ebenfalls Bester geworden. Sein Credo lautete anscheinend, dass ihm beim Boxen nichts, aber auch gar nichts fremd war.»[208] Wann immer es für Ali eng wurde, klammerte er und ließ den als Spätstarter bekannten Frazier gar nicht erst seinen Rhythmus finden. Fraziers Trainer Eddie Futch zählte 133 Clinchversuche, die Referee Tony Perez nur selten unterband.

Bis heute ist seine Punktniederlage in diesem Kampf Frazier ein Dorn im Auge: «Clays Strategie war: möglichst wenig Aktion. Sein Ziel: aus dem Kampf einen Nichtkampf zu machen […], so, als würden wir nach den Regeln der World Wrestling Federation und nicht nach denen des Marquis of Queensberry verfahren.»[209] Wieder einmal zeigte sich Muhammad Alis wundersame Fähigkeit, Juroren und Presseleute selbst dann noch zu becircen, wenn er mit seinem Boxlatein längst am Ende war. Beglückt zeigte sich «Smokin' Joe» nur von der Kampfbörse. Ihr Anteil von 32,5 Prozent an den Nettoeinnahmen brachte ihm und Ali jeweils 2,6 Millionen Dollar.[210] Und beide wussten, dass es irgendwann ein drittes, alles entscheidendes Aufeinandertreffen geben würde.

Don King – «That's where the money is»

Die Boxwelt fieberte dem Titelkampf zwischen Foreman und Ali am 30. Oktober 1974 in Kinshasa, Zaire, entgegen. Wie Sonny Liston galt auch George Foreman als Prototyp des grimmigen, kraftstrotzenden Schlägers. Seine Kampfbilanz: 40:0, davon 37 Siege durch K. o. «Ich habe ein Ungetüm geformt», sagte sein Trainer Dick Sadler, «indem ich das Beste von Joe Louis, Jack Johnson und Rocky Marciano genommen und zusammengefügt habe.»[211]

Die spektakuläre Vorgeschichte von «The Rumble in the Jungle» ist mit dem Namen Don King verbunden. Seit mehr als einem Vierteljahrhundert ist das PR-Genie mit der Starkstromfrisur («my hair is my PR agent») die schillerndste Figur im Boxsport: gehasst und bewundert, skrupellos und innovativ. Don King, der Pate des

Profiboxens, immer mit einem Bein im Knast, argwöhnisch be-
äugt von FBI und CIA, von Strafverfolgungs- und Steuerbehörden.

1973 flog King mit dem Frazier-Clan zum WM-Kampf gegen
Foreman nach Kingston, wo er nach dem Zwei-Runden-Massaker
an Frazier kühl kalkulierend die
Seiten wechselte – er kam mit dem
Weltmeister, und er ging mit dem
Weltmeister.[212] Die «schwarze Kar-
te» wusste er mit beeindruckender
Chuzpe zu spielen: «Warum boxt du
für weiße Promoter?», stellte er Ali
zur Rede. «Warum teilst du nicht mit
den Brüdern?» Und Herbert Muham-
mad musste sich fragen lassen: «Ihr
Vater hat doch verkündet, dass wir
Brüder einander helfen müssen.»[213]

«The Rumble in the Jungle» wurde Don Kings Meisterstück. Mitte
1974 war George Foreman bereit, gegen Ali anzutreten. Einziges Hinder-
nis: Alis Management forderte fünf
Millionen Dollar. Doch King machte
das Unmögliche möglich und trieb
die gigantische Kampfbörse auf, indem er die Firmen Video Techniques,
Helmdale Leisure Corporation, Don
King Productions und die Regierung
von Zaire zu einem Finanzierungs-
kartell zusammenbrachte.[214] Zaire?

Schon als Jugendlicher wurde
Don King Dutzende Male
wegen illegalen Glücksspiels
verhaftet. 1954 erschoss er
Hillary Brown bei dem Versuch, eines seiner Wettbüros
auszurauben: «Notwehr».
Im April 1966 trat er einen
Mann, der ihm mehrere hundert Dollar schuldete, bei einer
Prügelei zu Tode: zwanzig
Jahre Haft. Im September 1971
war der «Glücksspielzar» von
Cleveland wieder auf freiem
Fuß – begnadigt wegen guter
Führung und positiver Sozial-
prognose. Vier Jahre später war
der Boxpromoter der erfolg-
reichste schwarze Geschäfts-
mann in den USA: «From Killer to King», kommentierte
«Time» seine atemberaubende
Karriere, die von unzähligen
Gerichtsverfahren wegen
Steuerhinterziehung, Urkun-
denfälschung, Manipulation
von Ranglisten, Knebelver-
trägen, Anstiftung zur Körper-
verletzung etc. begleitet war.

Wieso nicht Zaire, fragte Herbert Muhammad lakonisch: «Für fünf
Millionen Dollar würde Ali überall auf dem Planeten antreten.»[215]

«Ein Kampf zwischen zwei Schwarzen in einem schwarzen
Land, von Schwarzen organisiert und mit der ganzen Welt als Zuschauer: ein Sieg des Mobutismus»[216]: Mit Négritude-Phrasen solchen Kalibers umgarnte King Zaires Diktator Mobutu. «Welch ein
Vergnügen festzustellen, dass dieser schwarze, revolutionäre Ein-
parteienstaat es geschafft hatte, einige der bedrückendsten Aspek-
te des Kommunismus mit den schlimmsten Seiten des Kapita-

Szene aus Leon Gasts Dokumentarfilm «When We Were Kings» (1996): Ali in Zaire, 1974

lismus zu vereinigen!», ätzte Norman Mailer in seiner berühmt gewordenen Reportage «The Fight».[217]

Dass keiner von Alis Kämpfen in so frischer Erinnerung ist wie der «Dschungelkampf» gegen Foreman, liegt nicht zuletzt an Leon Gasts Film «When We Were Kings»: ein cineastischer Glücksfall mit einer abenteuerlichen Entstehungsgeschichte. Der Dokumentarfilmer, der bis dahin mit Porträts der Rocklegende Grateful Dead und der Hell's Angels hervorgetreten war, erfuhr 1973 vom Plan des New Yorker Musikproduzenten Stewart Levine, ein «schwarzes Woodstock» zu veranstalten. Die Idee konkretisierte sich schließlich als Musikfestival am Rande des WM-Kampfes von Kinshasa. Don Kings Auftrag an Leon Gast lautete: Drehe einen großen Musikfilm rund um die Soul- und Funk-Größen James Brown, B. B. King, Miriam Makeba und The Spinners. Stattdessen produzierte Gast einen mit hinreißender Musik unterlegten Film über Muhammad Ali. Am Ende hatte er 173 Stunden Film im Kasten, über 100000 Meter magische Bilder von großartigen Musikern und einem Ali in Höchstform, dem ein ganzes Land zu Füßen lag. Der einzige Wermutstropfen: Gasts Finanzier war Stephen A. Talbot, der Finanzminister von Liberia, dessen korrupter Familienclan wenig später von der Macht geputscht wurde. Ohne Geld kein Film – und es sollte 22 Jahre dauern, bis Leon Gast gemeinsam mit seinem Anwalt (und Finanzier) David Sonenberg endlich «When We Were Kings» fertig stellen konnte. Der Lohn: 1997 ein Oscar für den besten Dokumentarfilm.[218]

«Rope-a-dope»: Alis Geheimwaffe

Schon Wochen vor dem Foreman-Kampf hatte Ali mit einem großen Gefolge in N'Sele, vierzig Meilen vor den Toren Kinshasas, Einzug gehalten. Seine Zeit verbrachte er mit wenig Training und viel PR in eigener Sache. Für Ali war Zaire ein Heimspiel, für Foreman eine Tortur. Das Prefight-Buildup trug klassische Ali-Züge: Er gab Foreman den Kampfnamen «The Mummy» (die Mumie) und drohte, ihn mit einem frisch kreierten Schlag, dem «Ghetto Whopper», niederzustrecken. Heute kennen wir George Foreman als wohlbeleibten, freundlichen Prediger und Entertainer, der mit sich, Gott und der Welt im Reinen ist und alle Jahre wieder zur Überraschung der Fachwelt die Boxhandschuhe überstreift, um einige Millionen Dollar auf sein Privatkonto und in den Opferstock seiner Church of The Lord Jesus Christ in Houston transferieren zu lassen. 1974 in Zaire aber gab «Big George» das perfekte Feindbild ab: düster und abweisend, eingehüllt in eine «Aura des Schweigens» (Norman Mailer). Dass er sich häufig mit seinem Deutschen Schäferhund zeigte und so schmerzhafte Erinnerungen an das martialische Auftreten der belgischen Kolonialherren weckte, nahmen ihm viele in Zaire übel. Wo immer aber Ali auftrat, gewann er die Herzen der Menschen durch seinen Charme und Witz. Seinen alten Schlachtruf «Float like a butterfly, sting like a bee» hatte er mittlerweile zu einem flotten Vierzeiler ausgebaut: *Float like a butterfly, sting like a bee / His hands can't hit what his eyes can't see. / Now you see me, now you don't / George thinks he will, but I know he won't.*[219]

Acht Tage vor dem Kampf rammte Sparringspartner Bill McMurray Foreman versehentlich einen Ellenbogen ins Gesicht. «The Rumble in the Jungle» musste um mehrere Wochen verlegt werden, unter normalen Umständen ein klarer Vorteil für den sechs Jahre jüngeren Foreman. Aber am 30. Oktober 1974, dem sechsundfünfzigsten Tag seines Aufenthalts in Zaire, zeigte sich, dass Muhammad Ali seine gute körperliche Verfassung hatte konservieren können, anders als Foreman. Angelo Dundee glaubte aus Überzeugung an Ali, und Ali glaubte aus Prinzip an sich: *George Foreman lebt von einer einzigen Sache, seiner Kraft, ich dagegen von vielem. Ich habe schnelle Hände, schnelle Beine, kann Schläge wegstecken und habe eine Menge Erfahrung. [...] Wenn mich jemand niederschlägt, stehe ich wieder auf. Wenn mein Kiefer gebrochen wird, kämpfe ich weiter. [...] Und wenn George müde wird, werde ich immer noch tanzen. Ich werde ihn dann nach Belieben treffen. Falls also George Foreman in Runde sieben nicht mit mir fertig ist, dann – das prophezeie ich – wird sich sein Fallschirm nicht mehr öffnen.*[220]

Was sich am frühen Morgen des 30. Oktober 1974 im Stade du 20 Mai in der feuchten Hitze Kinshasas vor den Augen von 60 000 enthusiastischen Zuschauern abspielte, die ihren Helden mit «Ali boma-ye»-Schlachtgesängen («Ali, töte ihn!») anfeuerten, war eine Boxsensation. Zum Schrecken seines Betreuerstabs zeigte sich schon sehr früh, dass Ali ein völlig anderes Konzept verfolgte als das mit Dundee abgesprochene – eine Taktik, die als «Rope-a-dope» Geschichte machte: Er zog sich an die Seile zurück, deckte mit den Handschuhen seinen Kopf und mit den Unterarmen seinen Körper, um jenen einen, vernichtenden Schlag zu vermeiden, mit dem Foreman seine Gegner meist niedermachte. Schlag auf Schlag prasselte auf Alis Magen, Leber, Nieren und Solarplexus: der Preis für sein «Rope-a-dope».

In Mailers Kampfreportage findet sich eine eindrucksvolle Beschreibung von Alis Defensivkünsten, jahrelang im Sparring erprobt, nun tollkühn und doch kalkuliert in Szene gesetzt: «Es war ein Erlebnis zu beobachten, wie Ali Schläge einsteckte. Er hing in den Seilen und fäustelte mit seinem Sparringspartner wie eine Katzenmutter, die sich gutmütig ihrer Jungen erwehrt. [...] Immer wieder vervollkommnete er seine Fähigkeit, die Bomben, die auf ihn zukamen, intuitiv abzufangen, zu mildern, zu verwandeln, ab-

zutäuschen, abzudrehen, zu verfälschen, abzulenken, abzuwenden, abzuwehren und abzuhalten, und all das mit einem Minimum an Bewegung, mit dem Rücken in den Seilen, beide Hände lässig erhoben.» [221] Anweisungen aus seiner Ringecke, von den Seilen wegzugehen, ließ Ali ungerührt abperlen.

Ganz Zaire schien mit Ali im Ring zu stehen, jeder seiner Treffer wurde frenetisch bejubelt. In der 8. Runde war die Sensation perfekt: Vom Schwung seiner immer unpräziseren Schläge nach vorn gerissen, hing Foreman, verwirrt und ausgepumpt, plötzlich selbst in den Seilen. Der Versuch, sich aus der misslichen Lage zu befreien, leitete die letzten Sekunden des Kampfs ein: rechte Gerade, linker Haken, rechte Gerade mitten ins Gesicht – und Foreman stürzte langsam an Ali vorbei zu Boden, «wie ein 1,80 Meter großer, sechzigjähriger Butler, der eine todtraurige Nachricht erhalten hat [...]» [222]. Das Gesetz des «They never come back», dem zufolge ein entthronter Champion keine Chance hat, den verlorenen Titel noch einmal zurückzugewinnen, war nach Floyd Patterson erneut gebrochen worden: Muhammad Ali war zum zweiten Mal «Weltmeister aller Klassen».

Kurz nach Beendigung des Kampfes ging ein tropisches Unwetter über dem Stade du 20 Mai nieder. Schlammfluten wälzten sich durch die Arena, in Kaskaden schäumte das Wasser durch die engen Gänge. Die Satellitenübertragung zwischen Kinshasa und dem Rest der Welt war längst zusammengebrochen, als Ali im heraufdämmernden Morgen durch das Spalier seiner jubelnden Anhänger zurück nach N'Sele fuhr.

Im kollektiven Bewusstsein erlangte Ali in den siebziger Jahren eine Bedeutung als politische Figur und popkulturelle Ikone, der sich auch US-Präsident Gerald Ford bewusst war, als er Muhammad Ali am 10. Dezember im Weißen Haus empfing.

«The Rumble in the Jungle», das defensive Meisterwerk in Alis Ringkarriere, machte ihn endgültig zu einem amerikanischen Sporthelden. 1974 wurde er mit den begehrtesten Ehrungen überhäuft: «The Ring» kürte ihn zum «Fighter of the Year», «Sports Illustrated» zum «Sportsman of the Year», und er erhielt den Hickory Belt als «The Nation's Outstanding Professional Athlete».

> «Nach dem Kampf fühlte ich mich eine Zeit lang sehr bitter. Ich führte alle Arten von Entschuldigungen an. […] Ich hätte einfach eingestehen sollen, dass der Bessere gewonnen hatte, aber da ich vorher noch nie verlor, wusste ich auch nicht, wie es war zu verlieren. In meinem Kopf habe ich diesen Kampf Tausende Male durchgekämpft. Schließlich habe ich begriffen, dass ich gegen einen großen Champion verloren hatte, vielleicht den größten aller Zeiten. […] Er gewann fair und eindeutig. Und ich bin stolz, Teil der Ali-Legende zu sein.»
> **George Foreman**

Tod des Übervaters Elijah Muhammad

Am 25. Februar 1975 erreichte Ali in Deer Lake die Nachricht vom Tode Elijah Muhammads. Mit Elijahs Tod veränderten sich Ideologie und Auftreten der Nation of Islam radikal.[223] Unter der Führung seines Sohnes Wallace D. Muhammad näherte sich die Organisation, die den Bruch mit der Vergangenheit 1976 auch durch die Änderung des Namens in World Community of Al-Islam in the West unterstrich, den politischen und religiösen Positionen des späten Malcolm X an. Das Dogma der Überlegenheit der schwarzen Rasse wurde ebenso aufgegeben wie das Ziel der Etablierung eines schwarzen Staates. Die World Community of Al-Islam in the West

öffnete sich auch für weiße Gläubige und proklamierte die Über-
einstimmung mit den Prinzipien der amerikanischen Verfassung.
Nicht alle waren bereit, den Kurswechsel mitzuvollziehen. Louis
Farrakhan erneuerte Ende der siebziger Jahre die alte schwarz-
nationalistische, separatistische Doktrin der NOI, verschärft um
einen dezidierten Antisemitismus. Muhammad Ali hat sich von
Farrakhan in scharfer Form distanziert: *Wir erklären, dass [Farra-
khan] die Jahre unseres Kampfes in der Finsternis repräsentiert, die Zeit
unserer inneren Verwirrtheit. Und wir erklären, dass wir damit nicht in
Zusammenhang gebracht werden wollen.*[224] 1980 wurde Wallace D.
Muhammads Organisation schließlich in American Mission um-
benannt. Bis heute beruft sie sich auf Malcolm X.[225]

Am 24. März 1975, vier Wochen nach dem Tod Elijah Muhammads, stand Ali im Coliseum von Cleveland, Ohio, gegen Chuck
Wepner wieder im Ring. Das Ende für den couragiert fightenden
Mann aus Bayonne, New Jersey, kam nach 19 Sekunden in der letzten Runde. Doch trotz gebrochener Nase und blutenden Rissen
unter beiden Augen blieb für Wepner der Glanz der Erinnerung an
jene magischen Momente ungetrübt: «Der Kampf gegen Muhammad Ali – das waren die aufregendsten Momente in meinem Leben.»[226]

Bedeutender als der Kampf selbst war sein cineastisches
Nachspiel: Sylvester Stallone ließ sich durch Wepner zu seinen
fünf «Rocky»-Filmen inspirieren, allesamt große Kassenerfolge
und mit mehreren Oscars prämiert. Das «Rocky»-Epos erzählt die
Geschichte des kleinen italoamerikanischen Boxers Rocky Balboa,
der sich mehr schlecht als recht durchs Leben schlägt – bis zu dem
Moment, als den Nobody das Traumangebot des schwarzen Weltmeisters Apollo Creed für einen Titelkampf erreicht. Creed ist, mit
Ali-Attributen geradezu behängt[227], zweifellos als Wiedergänger
des «Größten» angelegt.

Belinda & Veronica

Im Frühsommer 1975 gab Ali Ort und Zeitpunkt seines nächsten
Kampfes bekannt: Quezon City in der Nähe von Manila, 1. Okto-
ber 1975. Der Gegner: Joe Frazier. Alis Status als Kultfigur und
Kassenmagnet zeigte sich nicht zuletzt an der Diskrepanz der
Kampfbörsen: vier Millionen Dollar Garantiesumme oder 43 Pro-

zent sämtlicher Einnahmen für ihn, zwei Millionen für Joe Frazier.

Anders als Kinshasa, Djakarta oder Kuala Lumpur war Manila keineswegs ein boxsportliches Niemandsland. Die wöchentlichen Kampfabende in der philippinischen Metropole zogen regelmäßig 20 000 Boxfans an. Zu den öffentlichen Workouts von Frazier und Ali im Folk Arts Theatre erschienen Tag für Tag 4000 Menschen. Manila war für den «Kampf der Kämpfe» gerüstet – aber war es Ali auch?

Dass in Marcos' Reich zunächst weniger über Boxen als über Frauen gesprochen wurde, war auf den Eklat um Veronica Porche zurückzuführen. Seit einem Jahr war sie Alis Geliebte, aber erst in Manila erreichte ihre Liaison eine Sprengkraft, die die Ehe mit Belinda bedrohte. Lana Shabazz hatte die bildschöne Veronica früh schon als Gefahr für Alis Ehe erkannt: «Es machte mich wahnsinnig traurig wegen Belinda, weil ich wusste, dass diese Frau alles von unten nach oben drehen würde ...»[228] Veronica Porche war eine von vier Frauen, die Don King für PR-Aktivitäten rund um Foreman – Ali auserkoren hatte. Für seine neue Liaison musste Ali, wie Belinda später sarkastisch bemerkte, islamisches Recht biegen, beugen und brechen. (Eine andere «Affäre mit Folgen» hatte Belinda noch mit Gleichmut ertragen: Die siebzehnjährige Schülerin Wanda Cox hatte sich bei einem Besuch in Deer Lake in den Boxer verliebt. Ohne Rücksicht auf Belinda stellte Ali monatelang der jungen Frau nach, bis er am Ziel seiner Wünsche war. Nach einiger Zeit wurde aus Wanda die Muslimin Wanda X und schließlich Aaisha Ali, die Mutter seiner «illegitimen» Tochter Khaliah. Mit einigem Recht kann sich Aaisha als fünfte Frau Alis bezeichnen.)[229]

Bei der neuen Nebenbuhlerin sah Belinda spätestens nach einem von Ali in Manila provozierten Skandal rot. Er war mit Veronica einer Einladung von Präsident Marcos gefolgt, der von ihr nur als «Alis Frau» sprach. Als Ali Veronicas Status nicht dementierte, nahm das Unheil seinen Lauf. In Pete Bonventres Reportage «The Ali Mystique» in «Newsweek» erfuhr die interessierte Öffentlichkeit, dass die Ehe mit Belinda unheilbar zerrüttet war. Einem Instinkt folgend, entschloss sich Ali, sein Heil in der Flucht nach vorn zu suchen: *Ich weiß, Prominente haben kein Privatleben. Dennoch sollten sie entscheiden, mit wem sie schlafen und mit wem nicht.*

Muhammad Ali mit Veronica Porche
und Tochter Hana, 1977

*Allen, die sich angeblich Sorgen um meine Frau machen, sage ich: Es soll-
te euch genauso egal sein, mit wem ich ins Bett gehe, wie es mir egal ist,
mit wem ihr ins Bett geht.*[230]

Dieser lockere Ton sollte ihm bald vergehen. In einer regel-
rechten Kommandoaktion war Belinda von San Francisco nach
Manila aufgebrochen. In Alis Suite im Hotel Hilton hatte sie einen
kurzen, aber heftigen Auftritt. Sie beschimpfte lautstark ihren
kleinlauten Gatten, warf mit Gegenständen um sich und gab seiner neuen Gespielin einen guten Rat: «You tell that bitch, if I see

her I'm gonna break her back. If I see her anywhere, I'm gonna break her back.» Sinngemäß und auf Deutsch: «Wo immer ich sie sehe – ich werde dieser Nutte das Kreuz brechen!» Danach flog Belinda umgehend in die USA zurück. Ihre Ehe mit Muhammad Ali war damit praktisch zu Ende.[231]

Anderen hätte der Wirbel um Erst- und Zweitfrau die Konzentration auf den bevorstehenden Kampf geraubt – Ali nicht. Er setzte sowohl sein Training wie die Stimmungsmache gegen Frazier mit ungebremster Energie fort. Wie früher denunzierte er ihn als «Onkel Tom» und Liebling der weißen Bourgeoisie und verhöhnte Fraziers South-Carolina-Slang mit Inbrunst. Mit dieser Masche hatte er schon am 2. Juli 1975 bei einer gemeinsamen Pressekonferenz in Kuala Lumpur angefangen: «I'm gonna …» – «I'm going to. Not ‹I'm gonna.› Talk intelligent.» – «I'm gonna go inta training …» – «Not inta. Into. How far did you go in school?»[232]

Ali – Frazier III: «The Thrilla in Manila»

1. Oktober 1975: Der Kampf im Araneta Coliseum in Quezon City, sechs Meilen vor den Toren Manilas, ist auf 10.45 Uhr angesetzt – diktiert vom zwölfstündigen Zeitunterschied zu den USA, wo er in den Großkinos live gezeigt wird. Ali, wie üblich Marketingchef in eigener Sache, gibt das Kampfmotto vor: *It will be a killer and a chiller and a thrilla, when I get the gorilla in Manila.* Schon Tage vor dem Kampf ist die Stimmung aufgeheizt. Die Strecke zwischen dem Hilton und dem Hyatt Hotel, den Residenzen der Clans von Ali und Frazier, gleicht einer Flaniermeile, auf der sich Fans und Sensationshungrige tummeln. Das ganze Land scheint, wie ein Jahr vorher Zaire, völlig im Bann des Ereignisses.

Was die Zuschauer dann in den vierzehn Runden an Härte und Intensität zu sehen bekommen, ist atemberaubend. In den ersten Runden dominiert Ali mit scharfen, präzisen Schlägen. Auffallend ist der Habitus der Souveränität und Selbstgewissheit, der Reemtsma zu der Bemerkung veranlasst: «Einem wuchtigen Haken Fraziers weicht er überlegen, fast ironisch aus […]. Es wirkt so, als wolle Ali frühere Kämpfe zitieren.»[233] In den mittleren Runden bestimmt Frazier dann Rhythmus und Tempo des Fights. Doch Ali wirkt auch im Sperrfeuer Fraziers irritierend gelassen und entspannt.

Dann die Wende in der 11. Runde: Fraziers linkes Auge ist bald völlig zugeschwollen, er ist nahezu verteidigungsunfähig. Als Instinktboxer spürt Ali, dass sich ihm nach insgesamt mehr als vierzig Runden hier erstmals die Chance bietet, seinen Erzrivalen k. o. zu schlagen, auch wenn er selbst längst am Ende seiner Kräfte ist. Die 14. Runde wird für Joe Frazier zur Katastrophe: Wie ein Tornado fällt Ali über ihn her, mit allem, was das Boxlehrbuch an Schlägen und Kombinationen zu bieten hat.[234]

Das Ende des Kampfes ist Legende: Auf wackligen Beinen kehren Ali und Frazier ein letztes Mal in ihre Ringecken zurück, zerschlagen und willenlos. Dann passiert das Unglaubliche: Frazier tritt zur 15. Runde nicht mehr an. Eddie Futch musste seine ganze Autorität in die Waagschale werfen, um den orientierungslosen Frazier am Weiterkämpfen zu hindern. Nur ein «lucky punch» in den noch verbleibenden drei Minuten hätte Fraziers Niederlage noch abwenden können. Zweimal hatte Futch hautnah miterleben müssen, wie Boxer in jenen Momenten allein gelassen wurden, in denen es buchstäblich um Leben und Tod ging:

Pressekonferenz in Manila, 1975: Muhammad Ali und Joe Frazier, dazwischen Don King

1947 in Cleveland, als Jimmy Doyle im Kampf gegen Sugar Ray Robinson starb, und 1963 in Los Angeles, als Davey Robinson den Kampf um die Weltmeisterkrone im Federgewicht nicht überlebte.[235] Er wollte kein drittes Mal Zeuge eines Ringtods sein.

In der Nacht nach dem Kampf versprach Frazier seiner Frau Florence zurückzutreten. Aber «als es Morgen wurde, war ich wieder zurück im Geschäft»[236]. Ferdie Pacheco, der Alis Physis und Regenerationspotenzial besser als jeder andere einschätzen konnte, hat den «Thrilla in Manila» eine Ringschlacht von epischem Ausmaß genannt: «Später gestand Ali, dass er sich dem Tode niemals näher gefühlt habe. [...] Noch vier Wochen danach war sein Körper gezeichnet. Niemals in meinem Leben habe ich einen härteren Kampf gesehen.»[237]

> «Es ging nicht um irgendeinen Kampf. Es ging um ihn oder mich. Um nichts anderes.»
>
> Joe Frazier

STATIONEN DES ABSTIEGS

Am 24. Mai 1976 gelang Ali gegen Richard Dunn in München sein letzter K.-o.-Sieg, und noch lagen fünfeinhalb Jahre mit sieben Kämpfen und 96 Runden vor ihm.

Ende Juni 1976 leistete sich Ali in Tokio das lächerlichste Spektakel seiner Karriere, als er und der Profi-Wrestler Antonio Inoki in einer Catch-as-catch-can-Parodie aufeinander losgingen. Fünfzehn peinliche «Runden» lang befand sich Inoki fast durchgängig in der Horizontalen, klammernd und tretend. Ganze sechs Schläge brachte Ali auf den Weg, zwei trafen. «Der kombinierte Boxringkampf zwischen Muhammad Ali und dem Japaner Antonio Inoki hatte mit einer sportlich ernst zu nehmenden Veranstaltung etwa so viel Ähnlichkeit wie mit der Weltmeisterschaft im Entgräten einäugiger Hechte.»[238]

Der dritte Kampf gegen Ken Norton am 28. September 1976 im Yankee Stadium in New York brachte Ali erneut die gigantische Börse von sechs Millionen Dollar ein. Norton dominierte die ersten Runden nach Belieben; auch im Psychoclinch war er es, der in bester Ali-Manier den Ton angab: «Komm her, du Feigling, und kämpfe!» Ali kam nur langsam in den Kampf hinein. Die Punktrichter

25. Juni 1976: Ali kämpft gegen den Wrestler Antonio Inoki und muss sich der Fußtritte seines Gegners erwehren.

sprachen ihm schließlich einen knappen Punktsieg zu – ein himmelschreiendes Unrecht, wie viele Kommentatoren meinten: «Der Mythos ist vernichtet, nur die Sprüche werden bleiben.» [239] Eine Woche später, ein Jahr nach Manila, verkündete Muhammad Ali in Istanbul seinen Abschied vom Boxsport. Mark Krams «Nachruf» in «Sports Illustrated» ließ keinen Zweifel daran, dass auch andere die Ali-Ära als definitiv beendet ansahen: «Keine Frage, Ali ist als Boxer am Ende. Das harte Training, der Alles-oder-nichts-Kampf von Manila, die nicht enden wollende Parade von Frauen, die ihm Dummköpfe aus seiner Umgebung ständig präsentieren, haben ihn verfallen lassen.» [240]

Auch in Alis Privatleben war manches aus den Fugen geraten. Ohne viel öffentliches Aufsehen hatte sich Odessa Clay von ihrem Mann getrennt. Sie war nicht bereit, seine periodischen Alkohol- und Sexeskapaden noch länger zu ertragen. Im September 1976 reichte Belinda Ali die Scheidung ein. Ständige Abwesenheit, viel-

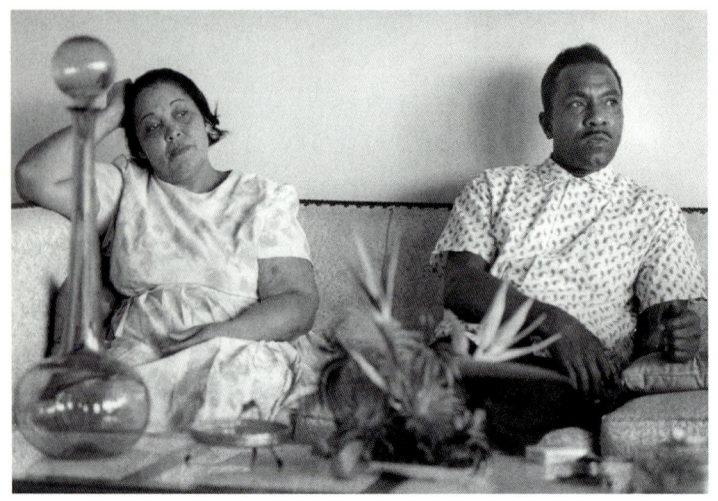

facher Ehebruch und seelische Grausamkeit Alis galten dem Gericht als hinreichend erwiesen. Belinda wurden, neben vielen persönlichen Dingen, eine Abfindungssumme von 670000 Dollar und das Haus in einem Vorort Chicagos zugesprochen. Außerdem verpflichtete sich Ali, eine Million Dollar in einen Fonds zugunsten der vier Kinder einzuzahlen, die er mit Belinda hatte.

Am 19. Juni 1977, ein halbes Jahr nach der Zustellung der Scheidungsurkunde, heirateten Veronica Porche und Muhammad Ali in Los Angeles in einer zivilen Zeremonie. Ihre Tochter Hana war zu diesem Zeitpunkt bereits zehn Monate alt.

«The Greatest» – auch auf dem Papier

1975 erschien im New Yorker Verlag Random House Muhammad Alis Autobiographie *The Greatest*, verfasst von Richard Durham, dem Herausgeber des NOI-Zentralorgans «Muhammad Speaks». Jede einzelne Seite des Manuskripts musste von Herbert Muhammad gutgeheißen und freigegeben werden, eine nervtötende Prozedur für die Random-House-Lektorin Toni Morrison, die spätere Literaturnobelpreisträgerin: «Meine große Sorge bei dem Projekt war immer Herbert, der unablässig damit drohte, etwas Schreckliches zu tun. Am Ende war das Buch überwiegend korrekt. Aber es geriet in Misskredit, weil Ali keine Werbung mehr dafür machen wollte. Er wollte Signierstunden in innerstädtischen Buchhandlungen abhalten, doch dort fürchtete man, die Läden würden von schwarzen Barbaren überrannt. [...] Sie wollten immer, dass Ali in die Vororte ging, aber das wollte Ali wiederum nicht.»[241] Auch wenn es stimmen mag, dass Ali «seine» Autobiographie weder geschrieben noch komplett gelesen hat, ist damit ihre Authentizität nicht zwingend in Frage gestellt; Toni Morrison stellte den Text auf Basis zahlreicher Tonbandmitschnitte von Gesprächen zusammen, die Durham mit Ali geführt hatte. Wer den Text als das nimmt, was er ist, ein zwischen Fakten und Fiktion oszillierendes Stück «Heldengeschichte», kann ihn auch heute noch mit einigem Vergnügen lesen.[242]

Mit Earnie Shavers wartete am 29. September 1977 in New York ein harter Brocken auf den Champion. Nach dem (vorübergehenden) Rückzug George Foremans aus der höchsten Gewichtsklasse galt Shavers als härtester Puncher im Schwergewicht, gefährlich und unberechenbar. 54 Siege in 60 Kämpfen: 52 durch K. o. Die Boxfans im ausverkauften Madison Square Garden und siebzig Millionen Fernsehzuschauer sahen den letzten mitreißenden Kampf in Alis Karriere. Nach 14 Runden lagen die Kontrahenten auf den Zetteln der Punktrichter fast gleichauf – und wie so oft zeigte Ali in der letzten Runde noch einmal all das, was seine Magie im Ring ausmachte. «Die Leute reden über Manila, über Foreman, über Liston», schrieb Pat Putnam. «Für mich aber zählt diese 15. Runde zu seinen großartigsten überhaupt. [...] Nur die Seile haben Shavers gerettet.»[243] Dennoch war Ali über den Zenit seines Könnens hinaus. Nach dem Kampf legte Teddy Brenner, der Boxmanager des Madison Square Garden, Ali nahe, seinen sofortigen Rückzug vom Boxsport zu verkünden: «Du hast alles bewiesen, was ein Champion beweisen muss. Du brauchst das nicht mehr. Mach Schluss.»[244] Gegenüber Journalisten ging Brenner noch einen Schritt weiter: «Solange ich hier bin, wird der Madison Square Garden Ali kein Kampfangebot mehr machen. Das ist ein Sport für junge Männer. Ali ist 35; sein halbes Leben liegt noch vor ihm. [...] Ich will nicht erleben, dass er eines Tages zu mir kommt und sagt: ‹Wer bist du nochmal?› Das Wichtigste beim Boxen ist es, den richtigen Zeitpunkt zum Aufhören zu finden, und die fünfzehn Runden gestern Abend waren genau der richtige Moment.»[245]

Wenige Tage später endete auch die langjährige Zusammenarbeit Ferdie Pachecos mit Muhammad Ali. Der Ringarzt hatte sich wiederholt abfällig über Alis «Frauengeschichten» und seine parasitäre Entourage geäußert. Entscheidend für die Trennung aber war seine dezidierte Kritik an der Fortsetzung von Alis Ringkarriere: «Boxer werden älter. Ihr Tempo lässt nach, ihre Reflexe sind nicht mehr das, was sie einmal waren [...], die Verletzungsgefahr steigt. Und je älter du wirst, desto geringer ist dein Potenzial zur Regeneration. [...] Er musste irgendwann sehr viel einstecken, nicht nur in den Kämpfen, auch im Training. Selbst beim Sparring war er zum Rope-a-dope gezwungen, weil er den Schlägen nicht mehr ausweichen konnte wie früher, als er noch jung war. Ich weiß nicht, was Sie von Rope-a-dope verstehen. Aber wenn Sie fünfundneunzig von hundert Schlägen abblocken, schlagen immer noch fünf ein.»[246] Nach dem Shavers-Kampf wies Dr. Pacheco in einem Brief an Ali (mit Kopien an Angelo Dundee, Herbert Muhammad und Veronica Ali) auf drohende irreversible gesundheitliche Schäden hin. Als er keine Antwort erhielt, kündigte er die Zusammenarbeit mit dem Champion auf. «Da habe ich entschieden: Genug ist genug. Egal, ob sie mich noch wollten oder nicht – ich wollte einfach bei dem, was noch kommen sollte, nicht mehr dabei sein. Sie sprechen von ‹nur noch leichten Kämpfen›. Aber für Ali gibt es keine leichten Kämpfe mehr.»[247]

Alis nächster, vermeintlich «leichter Kampf» war die Titelverteidigung gegen Leon Spinks, der zwar 1976 in Montreal im Halbschwergewicht eine olympische Goldmedaille gewonnen hatte, aber mit seinen fünf Profikämpfen dennoch als boxerisches Leichtgewicht galt. Ali nahm den Kampf am 15. Februar 1978 in Las Vegas auf die leichte Schulter, trainierte kaum, bewegte sich wenig und aß zu viel. Die Quittung folgte auf dem Fuß: Zum ersten und einzigen Mal in seiner Laufbahn verlor Ali seinen Titel im Ring. Der Schock saß tief, die Scham war groß: *Von allen Niederlagen, die ich bezogen habe, tat die gegen Spinks am meisten weh. [...] Es war beschämend, einem Gegner mit so geringen Fertigkeiten zu unterliegen. [...] Ich will meinen Titel zurückerobern, koste es, was es wolle.*[248]

Und Ali machte Ernst: Zwei Tage nach der Demütigung durch den «Nobody» begann er, verbissen für den Rückkampf zu trainieren. Noch einmal mobilisierte er all seine Energie. Hinter den Kulissen entbrannte derweil ein Machtkampf zwischen den Verbänden. Der WBC drohte, Spinks' Titel zu kassieren, falls er sich weigern sollte, ihn gegen Ken Norton zu verteidigen, der als erster Herausforderer geführt wurde. Spinks' Management setzte dagegen auf einen Rückkampf mit Ali – die einzige Möglichkeit, ans große Geld zu gelangen. Auf Betreiben Don Kings, der sich die PR-Rechte an Ken Norton und Larry Holmes gesichert hatte, wurde Norton am 29. März 1978 zum Weltmeister nach WBC-Version erklärt.

Nach einer kurzen Tingeltour nach Moskau und durch die zentralasiatischen Sowjetrepubliken im Juni 1978 nahm Ali sein Training für den Titelkampf – jetzt nach WBA-Version – wieder auf. Leon Spinks, aufgewachsen in einem der schlimmsten Slums von St. Louis, war dem plötzlichen Ruhm nicht gewachsen. Er unterließ nichts, um seine Form zu ruinieren: Alkohol, Frauen, Nachtleben – das komplette Programm.[249]

Am 15. September 1978 platzte New Orleans förmlich aus den Nähten. Niemals zuvor sahen mehr Menschen einen Boxkampf in einer Halle: 63 532 Zuschauer im Superdome brachten fast fünf Millionen Dollar in die Kassen der Promoter, und ABC erzielte seine bis dahin zweithöchste Einschaltquote (übertroffen nur von der letzten Folge von «Roots»). Zu viel Bewegung und Aktion war der sechsunddreißigjährige Ali nicht mehr in der Lage, und so schleppte sich der Kampf ohne nennenswerte Höhepunkte dahin. Alis Punktsieg war aber unumstritten: Damit war er der erste Boxer in der Geschichte, der dreimal Schwergewichtsweltmeister wurde. Das Kapitel Profiboxen schien für Muhammad Ali nun endgültig abgehakt. Obwohl er ständig neue Angebote erhielt, setzte er den Spekulationen über eine Rückkehr in den Ring am 27. Juni 1979 mit seiner Äußerung im «St. Louis Globe Democrat» ein Ende: *Jeder wird einmal alt. Nun denke ich an meine Familie, meine Kinder und an die Rekordbücher. Ich wäre ein Narr, würde ich noch einmal kämpfen.*[250]

Money Affairs

Nach dem Drehende von «Freedom Road», einer sechsteiligen TV-Serie der NBC, in der Muhammad Ali an der Seite von Kris Kristofferson auftrat, bezog er mit Veronica eine luxuriöse Villa im Hancock Park in Los Angeles. Der Lebensstil, den sie wie selbstverständlich einforderte, stellte selbst einen Großverdiener vor Probleme.[251] Die Schätzungen von Alis Einnahmen als Boxer, Autor, Schauspieler, Werbeträger und Besitzer von Merchandisingrechten differieren stark. Allein im Ring verdiente er mit rund 65 Millionen Dollar mehr als alle Schwergewichtsweltmeister vor ihm zusammen. 1979 aber war von Alis riesigen Einkünften nur noch wenig geblieben: Sein Geld «ging drauf für Alimente, Kletten, das Finanzamt, schöne Zeiten, die Nation of Islam»[252], nicht

Ali als Negersklave in der Fernsehserie «Freedom Road» (1978)

zu vergessen miserable Geschäfte, Ausbeutung durch Figuren aus seinem Umfeld, Unterschlagung durch skrupellose «Geschäftspartner». Seine Reichtümer zerrannen ihm wie Sand zwischen den Fingern.

Ali liebte es, viel Geld zu verdienen, weil es seinem Ego schmeichelte; andererseits legte er eine geradezu aufreizende Gleichgültigkeit gegenüber Geld an den Tag. Geld ist dazu da, um Gutes zu tun, war sein Prinzip: Einem Vietnamveteranen, den er durch behutsames Zureden in Los Angeles davon abgehalten hatte, sich aus dem 9. Stock eines Gebäudes in den Tod zu stürzen, ließ er umgehend reichlich Geld für Kleidung und Unterbringung zukommen, um ihm den Weg zurück ins Leben zu erleichtern.[253] Geschichten wie diese sind Legion.

In finanziellen Dingen war der «Meister aller Klassen» nicht von dieser Welt. Er zog Schmarotzer und Abenteurer mit seiner Nachlässigkeit geradezu an, die Startup-Kapital für die verrücktesten Businessideen auftreiben wollten. Ob «Champburgers», «Ali's Candy Bar», «Muhammad Ali Sportswear Ltd.», «Mr. Champ's Soda»: Wer scharf auf Risikokapital war, fand bei Ali stets ein offenes Ohr. Denn keine Unterschrift war leichter zu haben als seine, wie Herbert Muhammad aus leidvoller Erfahrung wusste: «Er glaubt, ein Autogramm zu schreiben, unterzeichnet aber gerade einen Vertrag.»[254]

Herbert Muhammads Leistungen als Manager sind sehr unterschiedlich beurteilt worden: «Herbert war ein großer Manipulator.» (Belinda Ali) «Es macht mich zornig, wenn ich daran denke, wie Ali ausgenommen wurde. Aber wer hat es geschehen lassen? Herbert Muhammad.» (Howard Bingham) «Herbert hat Alis ökonomisches Potenzial verpfuscht […], nicht aus Bosheit, eher aus Ignoranz.» (Jeremiah Shabazz) «Es ist einfach eine Legende, dass Herbert bei den Promotern Topeinnahmen für Ali herausgeholt hat.» (Harold Conrad) «Ich glaube, dass Herbert vor allem anderen an Herbert interessiert war.» (Gene Dibble)[255] Andere sahen seine Rolle als Finanzmanager Alis positiver, etwa Teddy Brenner, der ihn für seine Cleverness im Umgang mit Don King bewunderte, oder Lonnie, Alis vierte Frau: «Herbert ist auch Alis Vertrauter, Lehrer und Freund gewesen. […] Muhammad liebt Herbert wie einen älteren Bruder.»[256]

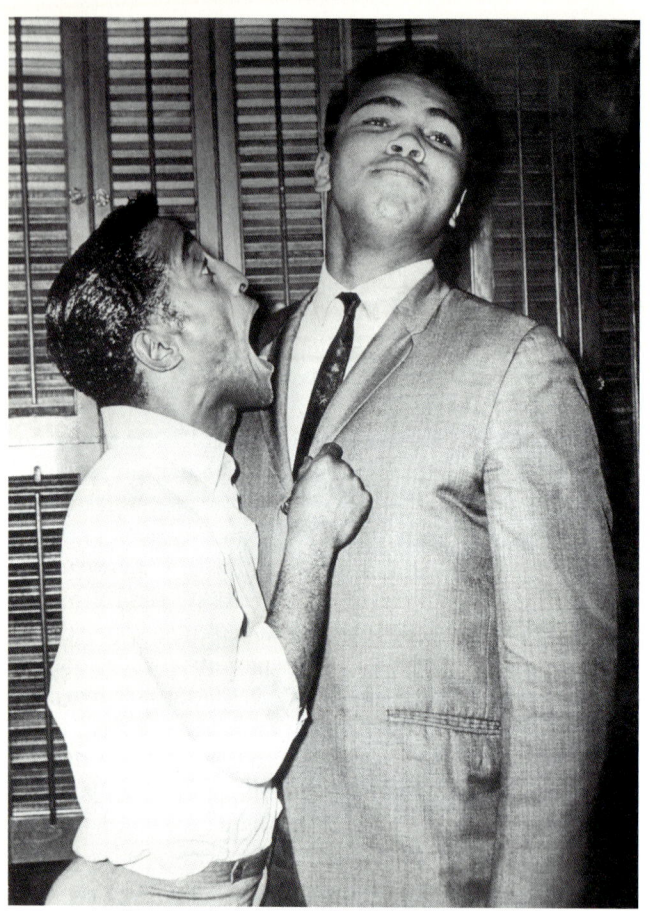

Muhammad Ali und Sammy Davis Jr.

Es hat einen ernsthaften Versuch gegeben, Alis Finanzen durch das Engagement professioneller Berater zu konsolidieren. Robert Abboud von der First National Bank of Chicago war 1978 durch einen Artikel in der «New York Times» auf Alis prekäre finanzielle Lage aufmerksam geworden.[257]

Sein junger Kollege Bob Richley wurde abgestellt, Alis Soll und Haben zu ermitteln. Michael Phenner, ein Teilhaber von Hopkins & Sutter, wurde als juristischer Berater konsultiert, und Barry Frank von Mark McCormacks International Management Group (IMG) sollte sich um attraktive Werbeverträge kümmern.

Robert Abbouds «Triumvirat» zerbrach trotz beachtlicher Erfolge schließlich an den Eifersüchteleien des Clans und an Alis irrationalem Geschäftsgebaren. Das Aus kam, als Ali sich für einen Kampf gegen Larry Holmes ködern ließ – eine Brüskierung der europäischen Veranstalter von Alis Abschiedstour und ein Schock für alle, die ihn endlich im wohlverdienten Ruhestand wähnten. Barry Frank: «Am traurigsten an der ganzen Sache ist vielleicht, dass [...] er jede Glaubwürdigkeit verloren hat, die mit seinem Namen verknüpft war.»[258]

Anfang 1981 tauchte Alis Name im Zusammenhang mit einem gigantischen Finanzskandal auf, dem «größten Computer-Bankbetrug der Geschichte» («Time»). Es ging um den stolzen Betrag von 21,3 Millionen Dollar, den die Wells Fargo Bank of California von dem Ali-Vertrauten Ross Fields einforderte, der unter dem Namen «Harold Smith» seine Geschäfte abwickelte. Er hatte mit Muhammad Ali Amateur Sports (MAAS) und Muhammad Ali Professional Sports (MAPS) zwei Organisationen zur Unterstützung des Amateur- und Profiboxens gegründet. Ali als Namensgeber sollte 25 Prozent der Nettogewinne bekommen. Aber Smith machte niemals Gewinn, sondern verschuldete sich in atemberaubenden Dimensionen bei der Wells Fargo Bank.[259] Dean Allison, der Chefermittler der United States Attorney's Special Prosecutions Unit, kam im Prozess gegen Smith zu dem Schluss, dass Ali von den kriminellen Machenschaften «seines» Geschäftsführers nichts wusste: «Harold Smith hat ihn benutzt. Das ist alles.»[260]

Ali – Holmes: ein Trauerspiel

Im zweiten Jahr seines Rückzugs aus dem Ring hatten der Mythos Ali bereits Patina und der Ex-Boxer Ali Fett angesetzt: 255 Pfund Lebendgewicht, eine träge Masse. Seine Aktivitäten fanden nun jenseits der Ringseile statt. So war er mehrfach in inoffizieller diplomatischer Mission für die USA in Krisengebieten unterwegs, etwa 1979 während des Geiseldramas in Teheran. Und als das Nationale Olympische Komitee der USA beschloss, wegen der sowjetischen Militärintervention in Afghanistan die Olympischen Spiele 1980 in Moskau zu boykottieren, versuchte Ali, als Reisediplomat schwarzafrikanische Staaten auf die Linie der «globalen Menschenrechtspolitik» der Carter-Administration einzuschwören. «Time» verhöhnte sein Engagement als «die bizarrste diplomatische Mission in der jüngsten Geschichte der USA»[261], und in der Tat war sein Einsatz ein diplomatisches Desaster von historischem Ausmaß. Ali hatte eine Indienreise abgebrochen und war Hals über Kopf am 2. Februar 1980 nach Tansania geflogen, wo ihm der Minister für Jugend und Kultur unmissverständlich zu verstehen gab, dass seine Landsleute die Einmischung als beleidigend empfanden. Ali mochte eine Art universelle «love and peace»-Ikone sein, ein politisch heller Kopf war er, so Howard Bingham, deshalb noch lange nicht: «Er hatte keine Ahnung, was was und wer wer war in Afrika […].»[262] Auf die Frage, warum afrikanische Staaten jetzt Moskau boykottieren sollten, nachdem sich die USA vier Jahre zuvor geweigert hatten, den neunundzwanzig afrikanischen Staaten Rückendeckung zu geben, die im Falle einer Teilnahme Südafrikas bei der Olympiade in Montreal 1976 mit Boykott drohten, wusste Ali keine Antwort. Als er auch in Kenia auf Ablehnung traf, war seine diplomatische Mission zu Ende.

Wenn es 1980 einen Antrieb für Ali gab, erneut seinen Rücktritt vom Rücktritt als Boxprofi zu erklären, dann das unstillbare Verlangen nach Publicity und Anerkennung. Im Kopf kämpfte er bereits wieder, von Karriereende war bald keine Rede mehr. Ben Wett, langjähriger Sportkorrespondent des ZDF in den USA, begleitete Ali auf einer von Mark McCormacks IMG gesponserten Tournee durch sechs europäische Länder, eine mit fast einer Million Dollar versüßte Strapaze, die ihn im Juni 1980 auch nach Essen und Berlin führte. Alis pomadiges Auftreten und die wenig unterhaltsamen Schaukämpfe kühlten das Interesse der Fans so sehr ab, dass die Tournee abgebrochen wurde. Wett bestätigte, was bislang nur Menschen in Alis engstem Umfeld wussten – der Champion hatte ernste gesundheitliche Probleme: «Er ist alt geworden. Er ist fett. Er ist müde. […] Viel schlimmer noch: Kaum merklich zeigen sich die Spuren der langen Ringjahre, eventuell der zwei, drei Jahre, die er zu lange im Ring gestanden hat. Da sind die ganz feinen, für den Außenstehenden nicht wahrnehmbaren Anzeichen, die etwas undeutlicher werdende Aussprache, der schwerfällige Gang, das vorsichtige Tapsen mit dem Fuß und das Gleichgewichtsuchen beim Sicherheben.»[263]

Am 5. März 1980 kündigte Promoter Bob Arum überraschend an, Ali werde Ende Juni gegen den WBA-Champion John Tate boxen. Nachdem dieser jedoch gegen Mike Weaver k. o. gegangen war, musste ein neuer Gegner her: Larry Holmes. Für Ali war Holmes ein guter Bekannter; sie hatten zwischen 1973 und 1975 in Deer Lake zahllose Sparringsrunden ausgefochten. Holmes galt als der wahre Schwergewichtswelt-meister. Und niemand wusste besser als er, dass Ali am Ende war: ausgebrannt, übergewich-tig, mit erloschenen Reflexen. Aber der WBC-Titelträger hatte keine Chance, einem Kampf mit Ali auszuweichen – er wäre niemals als wahrer Champion akzeptiert worden.[264] Wer am 2. Oktober in Las Vegas der Star und wer der Statist war, wurde bei der Vertragsunterzeichnung deutlich: 8 Millionen für den Herausforderer Ali, 2,3 Millionen Dollar für Holmes, den Welt-meister.

«The Last Hurrah»?
Werbeplakette zum
Kampf Holmes – Ali, 1980

Weil Odessa Clay («Ich will ihn nie mehr im Ring sehen») und Dr. Pacheco die Kontroverse um Alis Gesundheitszustand gezielt anheizten, sah sich die Nevada Athletic Commission vor einer Li-zenzierung des Kampfes gezwungen, Ali zu einem zweitägigen Ge-sundheitscheck in die Mayo Clinic in Rochester, Minnesota, zu schicken. Da aber dort nur Standardtests und keine boxspezifi-schen Untersuchungen vorgenommen wurden, waren die Ergeb-nisse nur bedingt aussagekräftig. Die Mayo Clinic lieferte zwei Ex-pertisen an die Nevada Athletic Commission: Dr. John Mitchell vom Department of Neurology and Internal Medicine untersuchte die Funktionstüchtigkeit von Alis Nieren, und Dr. Frank Howard vom Department of Neurology befasste sich mit neurologischen

Indizien, um Rückschlüsse auf Sprach-, Konzentrations- und Gedächtnisstörungen ziehen zu können. Die Kommission gab erwartungsgemäß grünes Licht; sie wollte den Kampf in Las Vegas – um jeden Preis. Dabei hätte ihr ein Satz in Dr. Howards Gutachten zu denken geben müssen: «Es gibt geringe Anzeichen, die auf Schwierigkeiten beim Sprechen und Erinnern hindeuten und, in geringer Ausprägung, mit seinem Koordinationsvermögen.» [265] Mit markigen Sprüchen wischte Ali mögliche Einwände vom Tisch: *Ärzte irren. Das Wichtigste ist Willenskraft. Was wissen die Ärzte über mein Gehirn! Darüber weiß nur Allah Bescheid.* [266]

Noch einmal gab Ali im rhetorischen Ballyhoo vor dem Kampf sein Bestes; als Sprücheklopfer war er immer noch «der Größte»: *Er ist kein Liston. Er ist kein Foreman. Er ist nur Larry Holmes. Er ist nichts.* [267]

Als Gerüchte über Alis «überragende Fitness» von Deer Lake ins Spielerparadies Las Vegas drangen, sank der Kurs der Buchmacher von 3:1 zugunsten von Holmes auf 13:10. Viele ließen sich von Alis Aussehen blenden, der auf den ersten Blick schlank und austrainiert wirkte. Tatsächlich aber war sein Körper durch eine Fehlmedikamentierung in gefährlichem Maße dehydriert. Dr. Charles Williams, der Hausarzt von Elijah und Herbert Muhammad, hatte ihm gegen eine vermeintliche Schilddrüsenüberfunktion das Medikament Thyrolar verordnet. Ali verlor zwar an Gewicht, fühlte sich aber von Tag zu Tag erschöpfter. Seine Sparringspartner hätten ihm die Seele aus dem Leib geprügelt, wäre Dundee ihnen nicht in die Parade gefahren. Jeder, der Ali beim Training beobachtete, wusste, dass ihn nur ein Wunder gegen Holmes retten konnte. Aber war Ali nicht der Zauberer, der Magier, der noch aus jeder Bedrängnis herausgefunden hatte?

25 000 erwartungsfrohe Fans im Caesars Palace in Las Vegas brachten am 2. Oktober 1980 den Veranstaltern die Rekordeinnahme von 5,7 Millionen Dollar in die Kassen. Ali stieg mit einem Kampfgewicht von 217 Pfund in den Ring, hatte also fast 40 Pfund «abtrainiert». Aber Holmes wusste, dass ihm an diesem Abend ein körperliches Wrack gegenüberstehen würde. Am Ende des «Kampfes» waren die Zuschauer so erschüttert, als hätten sie einer Hinrichtung beigewohnt oder, in den Worten Sylvester Stallones, «einer Autopsie am lebenden Körper» [268]. Der hybride Traum vom

vierten Titelgewinn war rasch ausgeträumt. «Der Ringrichter merkt nichts, weil Ali ein verzweifeltes Kunststück gelingt, nämlich sich selbst zu parodieren. [...] Nach der zehnten Runde hat man es in Alis Ecke gemerkt. Man wirft das Handtuch. It's over.»[269] Nicht eine Runde war auf den Zetteln der Punktrichter für den ehemals «Größten» verzeichnet. Von 69 Schlägen Holmes' in der ersten Runde sollen 56 ihr Ziel gefunden haben – eine desaströse Bilanz.

Vier Tage nach dem Debakel unterzog sich Ali im UCLA Medical Center eingehenden Untersuchungen. Das Ergebnis: Die Diagnose Schilddrüsenüberfunktion war falsch, die Thyrolar-Medikamentierung lebensgefährlich. Vernichtender kann das Urteil eines Arztes über einen Fachkollegen nicht ausfallen als Ferdie Pachecos Attacke gegen Dr. Williams: «Ali kann froh sein, dass er den Kampf gegen Holmes überlebt hat. [...] Ali war an diesem Abend im Ring eine wandelnde Zeitbombe. Ihm hätte alles zustoßen können: von einer Herzattacke bis zu einem Schlaganfall. [...] Ali – Holmes bedeutete das schreckliche Ende für einen großen Champion, und noch Jahre später bin ich stocksauer darüber.»[270]

Als Ali Caesars Palace verließ, hatte er seinen Kredit als Boxer endgültig verspielt. Es fällt schwer zu begreifen, weshalb Herbert Muhammad und Angelo Dundee ihren Mann sehenden Auges ins Verderben laufen ließen. Wenn das unwürdige Spiel überhaupt einen Sieger hatte, dann war es Don King, der Mann hinter WBC-Weltmeister Larry Holmes.

Ali – Berbick: das Ende

Eine letzte Torheit mutete Ali seinen Millionen Fans in aller Welt noch zu, bevor er endgültig das Handtuch warf. Mitte 1981 machte das Gerücht die Runde, Ali plane einen weiteren «allerletzten Kampf». Zwar hatte er am 29. Dezember 1980 seine Boxlizenz für Nevada freiwillig zurückgegeben, weil sich die Nevada State Athletic Commission kein weiteres PR-Fiasko mehr leisten wollte und «Ermittlungen» über Alis Gesundheitszustand anstellte; Las Vegas fiel somit als Veranstaltungsort aus. Im Herbst 1981 trat Sports International Ltd. mit der Nachricht an die Öffentlichkeit, Ali werde am 11. Dezember 1981 in Nassau, Bahamas, gegen den Kanadier Trevor Berbick noch einmal in den Ring steigen.

Muhammad Ali, unverkennbar übergewichtig,
bei der Vorbereitung auf den Kampf gegen Trevor Berbick, 1981

Schon die Begleitumstände dieses «letzten Aufgebots» waren deprimierend: Kein Fernsehsender hatte sich für die Rechte an einer Satellitenübertragung interessiert; der Kampf fing zwei Stunden zu spät an, weil die Schlüssel für das Haupttor des Baseballfeldes nicht gefunden werden konnten, auf dem Alis Abschiedskampf ausgetragen wurde. Statt einer regulären Ringglocke musste man mit einer Kuhglocke vorlieb nehmen. So trist das Ambiente, so trostlos das Ringgeschehen: Berbick setzte seine Treffer nach Belieben und gewann ungefährdet nach Punkten.

Mit dem «Drama of Bahama» ging eine der größten Sportkarrieren aller Zeiten unwiderruflich zu Ende. Die anschließende Pressekonferenz machte deutlich, dass auch Muhammad Ali selbst am Schluss nicht mehr in der Lage war, sich etwas vorzumachen;

anderen machte er schon lange nichts mehr vor: «Ali's magic» war Vergangenheit. *Ich muss den Tatsachen ins Auge sehen. Zum ersten Mal fühle ich, dass ich vierzig Jahre alt bin. Ich weiß: Jetzt ist das Ende gekommen [...]. Wir alle verlieren manchmal. Und wir alle werden einmal alt.*[271]

Für Ali begannen schwere Jahre: Seine Boxkarriere war definitiv zu Ende; im September 1984 wurde der Parkinson-Verdacht bestätigt; und die Ehe mit seiner dritten Frau Veronica stand kurz vor dem Ende. Allen Familienangehörigen und Freunden war klar, dass Ali von nun an intensiver Betreuung bedurfte – und dass Veronica ihm diese Fürsorge und Nähe nicht bieten würde. Die Scheidungsmodalitäten kreisten nur um ein Thema: Geld. Ali war immer noch «einige Millionen schwer»; er besaß diverse Fondsanteile, mehrere Häuser und Grundstücke: die Villa in Los Angeles, ein Apartmenthaus in Virginia, das Trainingscamp in Deer Lake, die Farm in Berrien Springs. Die Trennung im Sommer 1986 machte Veronica zu einer wohlhabenden Frau.

EINE AMERIKANISCHE IKONE

Im September 1984 suchte Ali das Columbia-Presbyterian Medical Center in New York auf. Nach Abschluss der Untersuchungen bestätigte Dr. Stanley Fahn, dass bei Ali schwache Anzeichen des Parkinson-Syndroms festgestellt worden seien: «Ali sollte aber in der Lage sein, persönliche Auftritte und andere geschäftliche Verpflichtungen in vollem Umfang wahrzunehmen.»[272]

Während Teile der Öffentlichkeit bestürzt auf den Befund reagierten, betonte Ali in ersten Interviews, er sei nicht beunruhigt und habe keine Schmerzen. *Gott schickt den Menschen Prüfungen. Das ist meine Prüfung. So lehrt er mich Demut.*[273] Dass gerade Ali zum Parkinson-Patienten wurde, mutet wie eine boshafte Ironie des Schicksals an. Was keiner seiner Gegner je geschafft hatte, ihn, das «Großmaul», «the Louisville Lip», still, stumm und demütig zu machen – das gelang Parkinson. «Es gehört zu den vielen finsteren Aspekten des Boxens, dass Ali erst dann geliebt wurde, als er litt. [...] Heute ist der von der Parkinson'schen Krankheit gezeichnete Muhammad Ali, der ehemals radikale Vertreter eines schwarzen Selbstbewusstseins, liebevoll in den Schoß der amerikanischen ‹political correctness› aufgenommen. Ihm wurde verziehen, denn er tut Buße durch sein Leiden. Nicht zuletzt deshalb hatte das Entzünden des olympischen Feuers 1996 in Atlanta durch den dreimaligen Champ einen schalen Beigeschmack.»[274]

Der englische Arzt James Parkinson hat das bei Ali festgestellte Krankheitsbild zum ersten Mal in der 1817 erschienenen «Abhandlung über die Schüttellähmung» beschrieben. Vor einem halben Jahrhundert erkannte man, dass die Krankheit auf einer Stoffwechselstörung im Bereich des zentralen Nervensystems beruht. Im Gehirn (und dort in der so genannten Substantia nigra) kommt es zu einem bis heute nicht völlig erklärbaren Verfall von Zellen, die für die Produktion des Botenstoffs Dopamin zuständig sind. Erst bei einem Verlust von etwa 70 Prozent der ursprünglich vorhandenen Zellen zeigen sich die ersten Krankheitsanzeichen. Zur klassischen Trias der Symptome gehören das Zittern, die Versteifung der Muskulatur und die Verlangsamung der Bewegungen. Parkinson lässt das Gesicht maskenhaft einfrieren und lähmt das Sprachvermögen; selbst kleine Gesten wie ein Lächeln können zu einer ungeheuren Anstrengung werden.

Ob Alis Parkinson-Erkrankung ganz oder teilweise, mittel- oder unmittelbar vom Boxen herrührt, ist im Sinne einer wissenschaftlich objektivierbaren Ursachenforschung nicht zu klären. Während sein Biograph Thomas Hauser und Ferdie Pacheco, sein langjähriger Ringarzt, die exzessiv ausgedehnte Ringkarriere für den Ausbruch der Krankheit verantwortlich machen, wollen sich andere nicht eindeutig festlegen. Dr. Mahlon DeLong, Chef der Neurologischen Abteilung der Emory University School of Medicine in Atlanta, glaubt eher an eine genetische Prädisposition Alis für Parkinson.[275] «Bei allen großen Sportlern kommt die Zeit, wenn Babe Ruth nicht mehr Babe Ruth ist, wenn Joe Louis von einem italienischen Wurstmacher niedergeschlagen wird und wenn John Barrymore den Monolog aus ‹Hamlet› nicht mehr bringt. Es kommt der Tag, an dem es vorbei ist, an dem das Alter einen ausknockt.»[276]

Ali nimmt seit der Diagnostizierung von Parkinson mehrmals am Tag L-Dopa-Tabletten, um den Dopaminmangel im Gehirn auszugleichen und so die krassesten Parkinson-Symptome abzumildern. In den achtziger Jahren war er auch an manch obskuren oder kaum erprobten therapeutischen Methoden interessiert (Implantierung eines Gehirnschrittmachers, Transplantation von Eigenzellen aus der Nierenrinde etc.).[277]

Im Juli 1987 lernte er am Rande eines WBC-Symposiums in Mexico City einen mexikanischen Arzt kennen, der ihn zu einer riskanten Gehirnoperation (Mortalitätsrate: zehn Prozent) zu überreden versuchte; Ali lehnte ab. 1988 geriet er dann an den aus Jugoslawien emigrierten, mehrfach vorbestraften Arzt Dr. Rajko Medenica, einen Spezialisten für Immunologie, Onkologie und Blutkrankheiten. Dieser führte Alis gesundheitliche Probleme bizarrerweise auf einen außergewöhnlich hohen Anteil von Pestiziden in seinem Blut zurück und verordnete seinem prominentesten Patienten regelmäßige Blutwäschen. Die Prozedur nützte Ali zwar nichts, hat ihm aber wohl auch nicht geschadet.[278]

Heute scheint Ali das Interesse am Erproben neuer Parkinson-Therapien völlig verloren zu haben. «Ich kann ihm alle Hilfe der Welt anbieten», sagt seine Frau Lonnie. «Seine Ärzte können ihm ihre Fürsorge anbieten. Es liegt an ihm. Aber Muhammad neigt dazu, das zu ignorieren.»[279]

Ein Hirn ist ein Hirn. Eine Faust ist eine Faust

Nichts ist schwerer aufzugeben, als was einem Ruhm, Reichtum und Respekt eingebracht hat: Auf niemanden trifft das so sehr zu wie auf Boxer. Joe Louis, Ezzard Charles und Sugar Ray Robinson, von «Boxopas» wie Larry Holmes oder George Foreman ganz zu schweigen – sie alle kämpften weit über die Zeit hinaus, in der sie das Ringgeschehen noch kontrollieren konnten. Die Melancholie des Abschieds kann zum größten Feind des Boxers werden. Im Alter von 30 Jahren haben Boxer, unabhängig von ihrer Klasse, den Zenit ihres Könnens überschritten. Mit 35 gefährden sie ihre körperliche und geistige Gesundheit in unverantwortlicher Weise, und mit 40 sind sie nur noch ein Monument des eigenen Verfalls.

Wie so viele andere vor ihm war Ali überzeugt, später zu denen gezählt zu werden, die rechtzeitig den Ring verlassen haben: *Ich habe nicht vor, mit hässlichen Andenken an meine Karriere aufzuhören*, sagte er, als er Mitte zwanzig war. *Ich werde mich vom Boxen nicht mit Narben, Blumenkohlohren und einer gebrochenen Nase zu-*

Ali mit seinem engsten Freund, dem Fotografen
Howard Bingham, 1998

*rückziehen. Ich werde körperlich intakt, so, wie ich jetzt bin, mit dem Bo-
xen aufhören.*[280] Als Ali endgültig die Boxhandschuhe an den Nagel
hängte, hatte er mehr als zwanzig Ringjahre mit gut 15000 Runden hinter sich, während normale Ringkarrieren drei Jahre dauern, erfolgreiche vielleicht sechs.

Subdurales Hämatom, Schädelknochenfraktur, Trommelfell-
perforation, Cerebralblutung, Kehlkopfödem: Sage niemand, er
habe nicht gewusst, wie gefährlich Boxen sein kann. 1983 sprach
sich der Weltärztebund auf seiner 35. Generalversammlung in Ve-
nedig für ein Verbot des Boxsports aus. Zehn Jahre später nahmen
englische Sportärzte in einer öffentlichen Erklärung kein Blatt vor
den Mund: «Boxen ist organisierter Mord. […] Es gewinnt derjeni-
ge, der dem anderen den größeren Gehirnschaden zufügt.»[281]

Ärzte und Wissenschaftler reagieren auf den Begriff «Eisen-
schädel» allergisch. Denn hinter dem schlichten Begriff Kopftref-
fer steht ein neurologisch dramatischer Tatbestand: Hirnsubstanz

wird mit ungeheurer Wucht gegen die Schädelwand geschleudert. Mike Tysons berüchtigtes Diktum, im Ring gehe es ihm nur darum, den «Gegner genau auf die Nasenspitze zu treffen und ihm den Knochen ins Gehirn zu jagen»[282], ist nur die mörderische Zuspitzung des boxerischen Normalfalls und nicht «das ganz Andere», die Perversion. Frei nach George Bataille ist Boxen eine Form hoch ritualisierter Gewalt, «ein Exzess […], eine Verschwendung von Leben»[283].

Im Ring ist der Tod immer gegenwärtig; Triumph und Vernichtung liegen nirgendwo näher zusammen. «Wer einem Boxkampf zuschaut, erlebt die mörderische Kindheit der menschlichen Rasse», schreibt Joyce Carol Oates. «Boxen hat auf ganz fundamentale Weise mit Wut zu tun. Es ist in der Tat der einzige Sport, in dem Wut ihren Platz findet, in dem sie geadelt ist. Es ist die einzige menschliche Aktivität, in der Wut unsublimiert, direkt, zur Kunst wird.»[284]

Wer über Jahre schwere Schläge an den Kopf erhält, sollte wissen, was er riskiert. Der Boulevard ergötzt sich an den immer neuen Ring-Comebacks von Männern im fünften Lebensjahrzehnt wie Larry Holmes, Roberto Duran oder George Foreman, dem das Kunststück gelang, im methusalemischen Boxalter von 46 Jahren noch einmal IBF-Champion (gegen Michael Moorer) zu werden. Kraft, Geschmeidigkeit und Reflexe sind längst nicht mehr die alten bei den Alten. Die akuten oder chronischen cerebralen Schädigungen können zur Dementia pugilistica und später zu parkinsonähnlichen Symptomen führen.

Kann es Zufall sein, dass viele der größten Boxer nach ihrer Karriere noch von schweren körperlichen und geistigen Schäden heimgesucht wurden? Joe Louis: Psychosen, Kokain; Sugar Ray Robinson: Alzheimer; Sonny Liston: Alkohol und Drogen; Floyd Patterson: Alzheimer; Ali: Parkinson. Der tragischste Fall dürfte die Quarry-Familie sein: drei Brüder, drei Boxer, drei körperliche und geistige Wracks. Genau genommen gibt es noch einen vierten Bruder, James, der als einziger vom Vater nicht zum Faustkampf geprügelt wurde. Seine Lebensaufgabe besteht darin, die am Boxen zerbrochenen Brüder Jerry, Mike und Robert zu pflegen.[285] (Alis Comeback-Gegner von 1970, Jerry Quarry, starb dreiundfünfzigjährig im Januar 1999 in einem Spital in Templeton, Kalifornien.)

Lebensabend mit Lonnie

Seit 1986 ist Ali mit Yolanda («Lonnie») Williams verheiratet.
Lonnies Familie war 1962 in Louisville in die unmittelbare Nach-
barschaft der Clays gezogen; Marguerite, ihre Mutter, und Odessa
Clay waren eng befreundet, «wie Schwestern». Als Ali und Lonnie
sich zum ersten Mal sahen, war er zwanzig und sie fünfeinhalb.
Über die Jahre entwickelte sich zwischen beiden ein Verhältnis
wie zwischen großem Bruder und kleiner Schwester. «Er war
großzügig, lustig, unwiderstehlich. […] Als ich siebzehn war, habe
ich mich in Muhammad verliebt, obwohl er fünfzehn Jahre älter
ist. Wir haben uns über die Jahre nie aus den Augen verloren.»[286]

1982 lud Ali sie bei einem Besuch in Louisville zum Essen ein.
Lonnie war erschrocken über seine Verfassung: Er stolperte, stot-
terte und wirkte ausgebrannt. «Veronica, seine damalige Frau, hat
ihn jedoch ignoriert, als er krank wurde. Sein Leben war damals
längst nicht mehr Glitzer und Glamour. Muhammad war todun-
glücklich, weil er seine Kinder wirklich liebte und immer von
einer Bilderbuchehe träumte», erzählte Lonnie. «Nun ging zum
dritten Mal alles in die Brüche. Er steckte in einer Depression. Dass
sie durch Parkinson verstärkt wurde, wusste keiner.»[287] In diesem
Moment traf die Fünfundzwanzigjährige eine Lebensentschei-
dung: Sie gab ihren Job auf und zog nach Los Angeles. Von nun an
wollte sie ständig in der Nähe Alis sein.

Um ihre beruflichen Ambitionen nicht sofort aufzugeben,
machte sie an der UCLA einen Ökonomie-Abschluss. «In gewisser
Weise war ich noch naiv und grün hinter den Ohren, für Muhammad war ich noch ein Kind. Aber ich bezog eine Wohnung in seiner Nähe. Muhammad übernahm alle meine Ausgaben, mit Wissen und Billigung Veronicas. Und ich tat alles, was ich für ihn tun
konnte.»[288] Am 19. November 1986, wenige Monate nachdem die
Scheidung von Veronica gerichtlich vollzogen war, heiratete sie
Muhammad.

Die Bedeutung Lonnies für Ali anerkennen alle, Familienan-
gehörige wie Freunde. Sie geht ruhig und liebevoll mit ihm um,
behandelt ihn fürsorglich, aber nicht wie einen Kranken. Für Jeremiah Shabazz war Lonnie «das Beste, was Ali je passiert ist; das
absolut Beste», und Lana Shabazz ergänzte: «Sie liebt ihn, sie ist
jederzeit und unbedingt für ihn da. Sie tut seiner Seele gut.»[289] Re-

Ali mit seiner vierten Ehefrau Lonnie, 1998

soluter und souveräner, als Belinda es je gekonnt hätte, gibt sie Ali den Spielraum, den er benötigt, ohne sich aber all seinen Marotten und Eitelkeiten zu beugen. Und ihr gelang, woran Alis frühere Lebensgefährtinnen gescheitert waren: den nie abreißenden Strom von Besuchern in seinem Haus und seinem Leben zu regulieren. Die Parasiten und Klinkenputzer, die früher zum Champ gehörten wie die Borke zum Baum, scheinen rasch begriffen zu haben, dass es an Lonnie kein Vorbeikommen gab. Ihr treibt die schamlose Ausbeutung Alis noch immer die Zornesröte ins Gesicht: «Es gibt Leute, [...] die mit seinem Namen Schecks unterzeichnet haben, seinen Namen missbraucht und buchstäblich Millionen und Abermillionen Dollar gestohlen haben. Und die gleiche Person kann sich sechs Monate später wieder blicken lassen, und Muhammad wird ihn so behandeln, als sei nie etwas gewesen.» [290]

Alis Gefolge wurde nach dem Ende seiner aktiven Zeit in alle Winde verstreut. Zwei der treuesten Weggefährten des Champs starben unter traurigen Umständen: Bundini Brown, sein Sekundant und Spezialist für Psychoinszenierungen aller Art, stürzte 1988 in einer Absteige in Los Angeles eine Treppe hinunter. Ein

Dienstmädchen fand ihn, gelähmt; drei Wochen später war er tot.
1990 erlag Lana Shabazz einem Krebsleiden. Wie die anderen aus
seinem Tross hatte auch sie die bittere Erfahrung machen müssen,
dass mit dem Ende von Alis Boxkarriere die sorglosen Jahre vorbei
waren: «Wir dachten immer, dass er auch danach für uns sorgen
würde. Aber so ist es nicht gekommen.»²⁹¹ Viele, die jahraus, jahr-
ein in seinem Gefolge umhervagabundiert waren, hatten in ihrem
Leben nach Ali nichts mehr, worauf sie bauen konnten: keine ver-
nünftige Ausbildung, keine Rücklagen, keine Familie oder einen
stabilen Freundeskreis.

Eine Lektion lernte Lonnie an Alis Seite schnell: Als Frau des
vielleicht bekanntesten Menschen auf dem Planeten hat sie nur
ein sehr begrenztes Anrecht auf Privatheit und persönliche Freiheit – sowohl auf den gemeinsamen Reisen als auch zu Hause auf
ihrer Farm in Berrien Springs.

Ali hatte 1976 die 35 Hektar große Farm im äußersten Südwesten von Michigan, östlich von Chicago gelegen, für 400000
Dollar gekauft. Für eine Frau wie Veronica wäre Berrien Springs
ein Kulturschock gewesen: schlichtes Ambiente, normale Menschen, die Stille in tiefster ländlicher Abgeschiedenheit, irgendwo
im Nirgendwo – wenn auch mit Ausblick auf den St. Joseph River.
Veronica stand für Stil, Status und Luxus. Mit Ali und den beiden Mädchen Hana und Laila hatte sie eine luxuriöse Villa mit
18 Zimmern in Los Angeles' Hancock Park bewohnt, ganz in der
Nähe der Traumfabriken Hollywoods.

«Die Einrichtung sieht aus, als hätte man sie direkt aus Ver-
sailles hierher verpflanzt», spottete Mark Kram. «Veronica hat das
alles zusammengetragen: Teppiche, Gobelins, Antiquitäten und
allerlei Spielzeug von unschätzbarem Wert. […] Ihr Zimmer im
ersten Stock ist ganz im Vom-Winde-verweht-Stil gehalten; frühe
Scarlett O'Hara […].»²⁹²

Alis Alltag ist heute von vielerlei philantropischen und ge-
schäftlichen Aktivitäten und von der Hingabe an seinen Glauben
geprägt. Wo auch immer er sich aufhält, hat er handsignierte Trak-
tate wie «Prayer and Al-Islam» dabei, in der die American Muslim
Mission ihr Islamverständnis darlegt.

Olympisches Feuer

Atlanta, 19. Juli 1996: An dem Tag, als Muhammad Ali im Olym-
piastadion die Fackel von der Schwimmerin Janet Evans übernahm und unter großen Mühen das olympische Feuer entzünde-
te, schrieb er Geschichte. Für dreieinhalb Milliarden Fernsehzuschauer war er in diesem Moment wirklich «der Größte». Gebannt und bewegt blickten sie auf den herzergreifenden Kampf
Alis gegen Wind und Feuer. Als die Flamme endlich entfacht war,
standen nicht nur US-Präsident Bill Clinton die Tränen in den
Augen.

Für Lonnie markierte die bewegende Eröffnungszeremonie in
Atlanta Alis ultimatives Comeback: «Die Menschen entdecken
Muhammad Ali ein zweites Mal. Mit solch einer Reaktion hatten
wir nie im Leben gerechnet. Muhammad und ich sind geschockt.
[...] Jetzt weiß er, dass er geliebt und akzeptiert wird, egal, was er

Muhammad Ali entzündet das Feuer bei den Olympischen Spielen
von Atlanta, 1996

hat.» [293] Denn nun begriffen auch die Allerletzten, dass er zwar an Parkinson leidet, aber ein normales Leben führt. George Foreman scheint Alis Haltung im Umgang mit seiner Krankheit ebenso sehr zu bewundern wie seine Boxkunst von einst: «Ich bin stolz auf Ali. [...] Leute sprechen mich auf Muhammad an und sagen: ‹Mann, er ist krank, er hat Probleme zu reden und sich zu bewegen. Empfindest du kein Mitleid für ihn?› Und ich sage diesen Leuten nur: ‹Hey, Muhammad Ali ist immer noch die größte Show auf Erden.›» [294] Nur Joe Frazier mochte in die beinahe hymnische Heldenverehrung nicht einstimmen: «Sein Auftritt bei der Olympiafeier war für das Boxen ein Schlag ins Gesicht. [...] Sein Zustand wird in der Öffentlichkeit mit Boxen in Zusammenhang gebracht, was diesem großartigen Sport enorm schadet.» [295] Trotz mehrfacher öffentlicher Entschuldigungen Alis sitzt bei Frazier die Bitterkeit über die erlittenen Schmähungen noch immer tief.

Nach Atlanta brach eine wahre Alimania aus. Vor Angeboten kann er sich seitdem kaum mehr retten: Werbespots, Wohltätigkeitsevents, Ehrendoktortitel, Film- und Buchangebote. Heute, zwanzig Jahre nach dem Ende seiner Ringkarriere, scheint Muhammad Ali in den Vereinigten Staaten präsenter und beliebter zu sein als je zuvor. In einem bemerkenswerten Essay stilisiert John C. Walker, Professor für American Ethnic Studies an der University of Washington in Seattle, Ali gar zum «quintessential American», zum Inbegriff des Amerikaners. [296] Vieles, was in den sechziger Jahren weiße Durchschnittsamerikaner an Cassius Clay und Muhammad Ali irritierte und provozierte, werde heute völlig anders gesehen, erläutert Walker. Alis Prahlerei: There's no business like show business. Seine Namensänderung: Wer wirft Norma Jean Baker oder Robert Allen Zimmermann vor, als Marilyn Monroe und Bob Dylan die Welt erobert zu haben? Das Bekenntnis zur Nation of Islam: ist gedeckt durch die in der Bill of Rights verbrieften Grundrechte der amerikanischen Zivilgesellschaft. Walker interpretiert Muhammad Ali als Helden einer amerikanischen Erfolgsgeschichte, die spätestens mit dem bravourösen Kampf gegen Foreman in Kinshasa begann und mit Atlanta einen neuen Höhepunkt erreichte.

Ali ist längst im ideologischen Herzen des amerikanischen Mainstreams angekommen. *Amerika ist unvergleichlich. Man kann in*

*jedes Land der Welt fahren; aber ich kann es kaum erwarten, wieder
nach Amerika zurückzukommen, zurück zu den Cheeseburgern und der
‹Today Show›.*[297] Liebeserklärungen dieses Kalibers dürften völlig
unironisch gemeint sein. Zur großen Irritation von Aktivisten ethnischer, politischer oder sexueller Minderheiten überschritten
Alis patriotische Reflexe in den achtziger Jahren mitunter deutlich
die Schmerzgrenze. Ohne recht zu wissen, wie er in diese Rolle hineingeraten war, fand er sich plötzlich als Parteigänger stramm konservativer Republikaner wieder. 1984 unterstützte er Ronald Reagans Wiederwahlkampagne; vier Jahre später konnten George
Bush und Orrin Hatch, der Senator von Utah, auf Alis Wohlwollen
zählen, «Kandidaten, deren Politik für die große Mehrheit der
Amerikaner, egal ob schwarz oder weiß, schädlich ist»[298], wie Andrew Young kritisch anmerkte.

Seit «Lonnies Machtübernahme im Leben Alis» (Mark Kram)
hat die seriöse Vermarktung des Ex-Champs einen (Firmen-)Namen: G.O.A.T. Das Kürzel G.O.A.T, Inc., steht für «Greatest of All
Time». Zu G.O.A.T., dem Braintrust hinter Ali, zählen Lonnie, Howard Bingham, Alis Manager Harlan Werner, sein Generalbevollmächtigter Ron DiNicola und der Steuer- und Finanzanwalt Ron
Tweel. Sie beerbten das «Triumvirat», das Ende der siebziger Jahre
versucht hatte, Ali zu einer erfolgreichen «Marke» zu entwickeln.

Harlan Werner gelang es, mit Sports Placement Service, Inc.,
in Beverly Hills einen profitablen Handel mit Ali-Memorabilien
aufzuziehen. Für kommerzielle Auftritte handelt Alis Management mühelos Honorare bis zu 200 000 Dollar aus. Muhammad
Ali ist ein Millionär, der seinen Lebensunterhalt damit bestreitet,
Muhammad Ali zu sein. Sein Name prangt auf vielen Produkten,
und kaum ein Jahr vergeht, in dem er nicht an neuen Buchprojekten und Filmen beteiligt ist. So erschien 1997 *Healing*, Alis neues
Buch. Es enthält Aphorismen und Sentenzen von Cicero, Voltaire,
Thoreau und anderen Geistesgrößen. Ali selbst bietet ein buntes
Potpourri aus kleinen Geschichten und Lebensweisheiten feil,
zum Beispiel: *Wenn ich hasste, konnte ich nicht denken, ich konnte nicht
essen […], ich konnte nicht arbeiten.*[299]

Ali zählte in den späten neunziger Jahren in den USA zu den
gesuchtesten Werbeträgern (u. a. TV-Spots für Chevrolet und Printkampagnen für Rockport-Schuhe, Apple, Morton's Steakhouse,

Wheaties-Cerealien). Marketingexperten gehen davon aus, dass er problemlos jährliche Einkünfte von fünf Millionen Dollar allein aus kommerzieller Werbung erzielen könnte. G.O.A.T. kann es sich leisten, mit Angeboten äußerst selektiv zu verfahren. Lonnie Ali: «Ich manage alles, aber Muhammad hat stets das letzte Wort. Manche Angebote sind dermaßen lächerlich, dass ich keine Minute meiner Zeit damit verschwende.»[300]

Das eherne Bündnis zwischen Ali und seinem ehemaligen Manager Herbert Muhammad existiert nicht mehr; konträre Geschäftsinteressen und Rechtsstreitigkeiten überlagern längst die spirituelle Basis ihrer gemeinsamen Jahre. Alis Anwälte haben gegen Jabir (Herbert) Muhammad und Richard Hirschfeld, einen anderen Vertrauten früherer Tage, in Norfolk, Virginia, Klage eingereicht, um einen 1988 geschlossenen Vertrag annullieren zu lassen, mit dem sämtliche Vermarktungsrechte Muhammad Alis an sie übertragen wurden.[301]

Der Größte, Zweitgrößte, Drittgrößte?

Jahrelang verbreitete die Regenbogenpresse über den parkinsonkranken Ali nichts als schlecht recherchierte Geschichten und armselige Rührstorys. Er sei durch seine Krankheit gebrochen, hilflos vor sich hin dämmernd, auf unabsehbare Zeit ein Pflegefall. Oder sie zeichnete das Bild eines Mannes, dessen einzige irdische Verpflichtung in der Einstimmung aufs Jenseits liege und der sich ausschließlich religiösen Aufgaben zugewandt habe. An diesen Zuschreibungen stimmt nur wenig: Er ist ohne Zweifel ein von seiner Krankheit gezeichneter Mann und ein gläubiger Moslem. Ansonsten weist Alis Alltagsleben einen Aktionsradius und eine Termindichte auf, die einem gesunden und ambitionierten Jungmanager alle Ehre machen würden.

Es fällt schwer, auch nur seine bedeutendsten Aktivitäten der letzten Jahre aufzulisten: Er war Sonderbotschafter von Jubilee 2000, einer weltweiten Initiative zur Entschuldung der Entwicklungsländer am Beginn des neuen Jahrtausends; er unterstützte eine Kampagne von amnesty international gegen unmenschliche Praktiken im US-Strafvollzug und initiierte Wohltätigkeitsveranstaltungen zugunsten der National Parkinson's Foundation und des Muhammad Ali Parkinson's Research Center am Barrows Neu-

rological Institute; er war Fundraiser für die Ruanda-Flüchtlings-
hilfe, und seit vielen Jahren setzt er sich ideell wie materiell für
Initiativen gegen Hunger, Aids und Analphabetismus ein.

Eine Fülle bedeutender aktueller Projekte rundet das Bild
einer amerikanischen Legende ab, die derzeit ihren dritten Früh-
ling erlebt:

- Columbia Pictures verfilmen Alis Lebensgeschichte, die spätestens 2002 weltweit Millionen von Menschen in die Kinos lo-
cken soll. Regie: Barry Sonnenfeld («Men in Black»), in der
Hauptrolle: Will Smith als Muhammad Ali.
- Im Jahr 2003 soll in Louisville an der Riverfront Plaza das Muhammad Ali Center eröffnet werden, ein interaktives Boxmuseum und Kongresszentrum für Menschenrechte. Investitions-
volumen: circa 80 Millionen Dollar.
- In Las Vegas entsteht ein Ali-Themenrestaurant, gestaltet von
Gene Silverberg, der auch Michael Jordans Restaurant in Chicago konzipierte.
- John Cameron («Les Miserables») komponierte das Musical
«Ringmaster», das in New York und London auf die Bühne soll.
(Eine Petitesse am Rande: Die epischen Konfrontationen zwischen Frazier und Ali werden nicht ausgeboxt, sondern als ge-
sungenes Duett inszeniert …)

So, wie Beatles-Fans ein Leben lang über LSD-Exzesse bei der
Einspielung von «Magical Mystery Tour» oder die kompositori-
sche Genialität des «Weißen Albums» debattieren können, so haben auch die «Aliologen» ihre Themen und Obsessionen. Etwa:
Es gab zwei Alis, den «vorher» und den «nachher» – und dass der
jüngere, schnellere Ali der brillantere Boxer war, auch wenn ihm
die Erfahrung und unglaubliche Willensstärke des älteren Kämp-
fers fehlten. Oder: Aus politischen Gründen wurde Ali um seine
besten Jahre als Boxer gebracht. Angelo Dundee: «Wir haben ihn
niemals auf der Höhe seiner wahren Möglichkeiten gesehen. Der
Ali, der gegen Cleveland Williams und Zora Folley kämpfte, war
so gut, wie er damals nur sein konnte; aber er lernte immer noch.
Er hatte nichts von seiner Schnelligkeit verloren, aber er wurde massiver, stärker und erfahrener im Ring.»[302] Und schließlich: Wer ist der wahre Champion unter den Boxchampions des
20. Jahrhunderts, Jack Johnson, Joe Louis oder Muhammad Ali?

Alle großen Schwergewichtler der vergangenen Jahrzehnte stehen im Schatten des «Größten» – ohne Aussicht, seiner faszinie-
renden Ausstrahlung und seiner Bekanntheit bis in die hintersten
Winkel aller Erdteile auch nur nahe zu kommen. Und wer würde
je bezweifeln, dass Ali einen größeren Unterhaltungswert besaß
als ganze Generationen von Boxern vor und nach ihm? *Wann wird
es wieder einen Boxer geben, der Gedichte schreibt, Runden voraussagt
und jeden schlägt, der die Leute zum Lachen bringt, die Leute zum Wei-*

*nen bringt und der so groß und so superschön ist wie ich? In der Mensch-
heitsgeschichte gibt es einfach keinen Fighter, der mit mir vergleichbar
wäre.*[303]

Am 9. Juni 2001 standen sich in der Oneida Nation Arena in
Verona, New York, die Töchter der großen Rivalen von einst gegenüber, Laila Ali und Jacqui Frazier-Lyde. Ganz in der Tradition der
griechischen Mythologie, als Elektra ihren Vater Agamemnon
rächte, versprach die neununddreißigjährige Tochter von «Smokin' Joe», etwas für die Familienehre der Fraziers zu tun. In dem als
«Rache der Töchter» vermarkteten Spektakel standen sich Laila
und Jacqui im Krieg der Worte in nichts nach. Andere reagierten
mit beißender Kritik auf das Ausschlachten der großen Namen der
Väter. Ob Larry Merchant, Chefreporter des Fernsehsenders HBO
(«keine 15 Cents würde ich dafür zahlen»), Christy Martin, die bekannteste und bestbezahlte US-Boxerin («eine Schande») oder
Promoter Bob Arum («eine Zirkusnummer») – kaum jemand
wollte ein gutes Haar am Kampf der Töchter lassen. Nach dem
Punktsieg der dreiundzwanzigjährigen Laila Ali riet die «New
York Daily News» in ihrem Artikel «Ali Frazier Light» den Boxan-
fängerinnen, sich flugs wieder in ihre erlernten Berufe als Kosme-
tikerin (Laila) und Rechtsanwältin (Jacqui) zurückzuziehen.[304]

Für Muhammad Ali ist die Zeit des Prahlens, der schrillen Ankündigungen und rüden Attacken gegen sportliche oder weltan-
schauliche Gegner vorbei; längst sieht er sich nicht mehr als den
«Größten». *Jetzt fängt mein Leben erst wirklich an. Gegen Ungerech-
tigkeit kämpfen, gegen Rassismus, Verbrechen, Analphabetismus und
Armut, mit diesem Gesicht, das die Welt so gut kennt […].*[305]

Am 13. September 2001, zwei Tage nach den Terroranschlä-
gen auf das World Trade Center und das Pentagon, verurteilte Ali
in einer politischen Erklärung das monströse Verbrechen, dem
Tausende von Menschen zum Opfer fielen. Umgehend unterbra-
chen amerikanische Radio- und Fernsehsender ihr Programm, um
seine Friedensbotschaft zu verlesen. Darin heißt es: *Wenn die Täter
wirklich Moslems waren, haben sie die Lehre des Islam vergewaltigt.
Wer immer die terroristischen Attacken gegen die USA unterstützt oder
dahinter steht, repräsentiert nicht den Islam. Gott steht nicht hinter Mör-
dern. […] Als amerikanischer Moslem möchte ich meine tiefe Trauer und
meinen Kummer zum gewaltigen Verlust an Leben ausdrücken.*[306]

In den letzten Jahren wurden Ali einige der bedeutendsten Ehrungen zuteil: Bei einer Gala in der Wiener Staatsoper wurde er im November 1999 mit dem World Sports Award als «Kampfsportler des Jahrhunderts» ausgezeichnet. UNO-Generalsekretär Kofi Annan ernannte ihn im März 2001 zum Friedensbotschafter der Vereinten Nationen. Ali ist Kentucky's Athlete of the Century, besitzt Ehrendoktorhüte mehrerer renommierter amerikanischer Universitäten und wurde mit dem Heroes, Saints & Legends Award der Emory University für Verdienste in der Parkinson-Forschung geehrt. Fünfunddreißigmal zierte er bislang die Titelseite von «Sports Illustrated», ein Adelsprädikat besonderer Güte in der Welt des Sports.

Seine Parkinson-Erkrankung hat Ali reifer und weicher, spiritueller und introvertierter gemacht. «Der Muhammad Ali, den ich kenne, ist erleichtert darüber, dass er nicht mehr der lebenssprühende Ali ist [...]», weiß sein Freund Davis Miller.[307]

Wir müssen uns Sisyphos als einen glücklichen Menschen vorstellen, hat Albert Camus geschrieben. Auch wir können uns Muhammad Ali als einen glücklichen Menschen vorstellen. So, wie Cassius Clay in jungen Jahren mit Charme, Unbekümmertheit und atemberaubenden Aktionen im Ring die Boxwelt revolutionierte, so beeindruckte Muhammad Ali später mit seiner gereiften Persönlichkeit, seinem Charisma – als ein Mensch, der sein körperliches Handicap gelassen annimmt, als Botschafter seines Glaubens, der seinen Frieden und seine Bestimmung gefunden hat. *Wahrheit gibt es im Hinduismus, im Christentum, im Islam, in allen Religionen. Und im einfachen Gespräch. Die einzig wichtige Religion ist die wirkliche Religion – die Liebe.*[308]

Muhammad Ali

ANMERKUNGEN

Folgende Siglen werden verwendet:

Ali: Muhammad Ali (und Richard Durham): Der Größte. Meine Geschichte. München 1976

Frazier: Joe Frazier (with Phil Berger): Smokin' Joe – The Autobiography, London 1996

Fuller: Peter Fuller: Muhammad Ali. Das Stück Pelz und der Champion des Volkes. In: Peter Fuller: Die Champions – Psychoanalyse des Spitzensportlers. Frankfurt a. M. 1987, S. 174–276

Hauser: Thomas Hauser: Muhammad Ali. His Life and Times (With the Cooperation of Muhammad Ali). New York 1991

Kram: Mark Kram: Ghosts of Manila. The Fatal Blood Feud Between Muhammad Ali and Joe Frazier, New York 2001

Miller: Davis Miller: Das Geheimnis des Muhammad Ali. Eine wahre Geschichte. Berlin 1998

Olsen: Jack Olsen: Cassius Clay. Dortmund 1971

Reemtsma: Jan Philipp Reemtsma: Mehr als ein Champion. Über den Stil des Boxers Muhammad Ali. Stuttgart 1995

Remnick: David Remnick: King of the World. Der Aufstieg des Cassius Clay oder Die Geburt des Muhammad Ali. Berlin 2000

Sheed: Wilfrid Sheed: Muhammad Ali. Ein Portrait in Wort und Bild. Flensburg 1976

SI: Sports Illustrated

Torres: José Torres: Muhammad Ali. Das Leben und die Kämpfe des größten Boxers aller Zeiten. München 1976

1 Frankfurter Rundschau, 27. 8. 1999
2 Norman Mailer, in: Joyce Carol Oates, Über Boxer. Ein Essay. Zürich 1988, S. 29
3 Frankfurter Rundschau, 27. 8. 1999
4 Ali, S. 32
5 Remnick, S. 149
6 Vgl. Britta Waldschmidt-Nelson: Martin Luther King. Malcolm X. Frankfurt a. M. 2000, S. 63
7 Hauser, S. 17
8 Vgl. Britta Waldschmidt-Nelson: a. a. O., S. 65 f.; vgl. Ali, S. 33
9 Remnick, S. 141
10 Ali, S. 37
11 Ebd.
12 Ali, S. 38
13 Ali, S. 39
14 Olsen, S. 78
15 Vgl. Remnick, S. 143
16 Remnick, S. 144
17 Hauser, S. 14 f.; Georg Stefan Troller hat sie in seiner Personenbeschreibung zu Muhammad Ali als «eine Frau mit Herz und genug Verstand, ihn nicht zu zeigen», charakterisiert. Vgl. Georg Stefan Troller: Personenbeschreibung: Muhammad Ali – Der lange Weg zurück, ZDF, 1976
18 Remnick, S. 146
19 Vgl. Olsen, S. 112
20 Torres, S. 112
21 Remnick, S. 145 f.
22 Vgl. Miller, S. 128
23 Vgl. Hauser, S. 21 ff.; Olsen, S. 59
24 Remnick, S. 162
25 Remnick, S. 161
26 Remnick, S. 155
27 Vgl. Hauser, S. 18
28 Olsen, S. 95
29 Remnick, S. 157
30 Torres, S. 111
31 Olsen, S. 107
32 Olsen, S. 96 f.
33 Ali, S. 46
34 Ali, S. 47
35 Ali, S. 49
36 Torres, S. 114
37 Torres, S. 126
38 Remnick, S. 165
39 Die Olympiasiege von Floyd Patterson (1952), Cassius Clay (1960), Joe Frazier (1964) und George Foreman (1968) unterstreichen die Bedeutung einer erfolgreichen Olym-

piateilnahme für die spätere Profikarriere. Eine olympische Goldmedaille im Boxen bedeutet in der
Regel beim Profidebüt einen Platz
unter den Top 10 der Weltrangliste
und erspart den Athleten die üb-
liche langwierige Ochsentour der
Qualifikation, was sich auch auf die
Kampfbörsen positiv auswirkt.

40 Vgl. Torres, S. 114 ff.
41 Olsen, S. 99 f.
42 Remnick, S. 171
43 Olsen, S. 104
44 Torres, S. 121
45 Remnick, S. 174
46 Hauser, S. 29 f.
47 Remnick, S. 174
48 Torres, S. 122
49 Vgl. Remnick, S. 153 f.; James Sil-
    berman, ehemaliger Cheflektor des
    New Yorker Verlagshauses Random
    House: «Die Geschichte mit der
    Goldmedaille stimmte nicht, aber
    wir mussten sie eben glauben.»
    Remnick, S. 155
50 Miller, S. 196
51 Zu den Details des Vertrages vgl.
    Torres, S. 124; Remnick, S. 182 ff.; SI,
    11. 3. 1963
52 SI, 11. 7. 1962
53 Sheed, S. 53
54 Torres, S. 128 f.
55 Hauser, S. 38
56 Hauser, S. 39
57 Hauser, S. 40
58 Ob man Cassius Clay deshalb
    gleich wie Jan Philipp Reemtsma
    zum «vielleicht ersten postmoder-
    nen Strategen» apostrophieren
    muss, sei dahingestellt. Vgl.
    Reemtsma, S. 31
59 Fuller, S. 178
60 Remnick, S. 207
61 Hauser, S. 46
62 Einen ersten Blick in Howard
    Binghams legendäre Ali-Galerie
    bietet seine Internetseite:
    www.howardbingham.com
63 Vgl. SI, 25. 3. 1963
64 Vgl. SI, 14. 8. 1967
65 Peter Fuller konstatiert beim jun-
    gen Clay eine Nähe zu etwas, was er
    eigenwillig die «kommunistische
    Boxtechnik» nennt, die seit Mitte
    der fünfziger Jahre die Boxszene in
    Ungarn, Polen und der UdSSR revo-
    lutioniert hatte. Um der Brutalisie-
    rung der Ringschlachten Einhalt zu
    gebieten, wurde im Ostblock in der
    Ausbildung junger Kämpfer ver-
    stärkt auf Schnelligkeit und saube-
    re Technik gesetzt. Vgl. Fuller, S. 237
66 Reemtsma, S. 129 f.
67 Vgl. SI, 8. 10. 1962
68 SI, 29. 7. 1963
69 Hauser, S. 59
70 Vgl. SI, 18. 11. 1963
71 Muhammad Ali, The Greatest,
    Columbia Records, 1963 (LP)
72 Vgl. SI, 9. 3. 1964
73 Hauser, S. 61
74 Mehr Wortgetöse aus den Wo-
    chen des «prefight buildup» findet
    sich bei Hauser, S. 60 ff.; Remnick,
    S. 237 ff.
75 Vgl. SI, 5. 8. 1963
76 The New York Post, 6. 11. 1963
77 Vgl. SI, 24. 2. 1964; Der Spiegel
    31 / 1961
78 Hauser, S. 70
79 Vgl. Fuller, S. 180
80 SI, 18. 6. 1964
81 Hauser, S. 63
82 Vgl. SI, 27. 1. 1964
83 Remnick, S. 262
84 Fuller, S. 179
85 Remnick, S. 238
86 Vgl. SI, 17. 2. 1964
87 Remnick, S. 281
88 Hauser, S. 76
89 Hauser, S. 79
90 The New York Times, 28. 2. 1964
91 Olsen, S. 191 f.
92 The New York Journal American,
    24. 3. 1964
93 The Chicago Defender, 14. – 20. 3.
    1964
94 Vgl. David K. Wiggins: Victory
    For Allah, in: Elliott J. Gorn: Mu-
    hammad Ali. The People's Champ.
    University of Illinois 1995, S. 88 ff.
95 Hauser, S. 97

96 Olsen, S. 194
97 Sheed, S. 57
98 Zur Entstehungsgeschichte der Nation of Islam vgl. auch Britta Waldschmidt-Nelson, a. a. O., S. 54 ff.
99 James Baldwin: Hundert Jahre Freiheit ohne Gleichberechtigung. Reinbek bei Hamburg 1973, S. 29. Bei aller Distanz zu den obskur-doktrinären Zielen und Rekrutierungsmethoden der Black Muslims hat sich selbst James Baldwin der Ausstrahlung der Nation of Islam nicht völlig entziehen können, wie sein Essay erkennen lässt. Dort findet sich auch eine amüsante Passage über Baldwins Besuch im Haus des «Ehrenwerten» Elijah Muhammad in Chicagos South Side.
100 Fuller, S. 197 f.
101 SI, 29. 11. 1965
102 Vgl. Britta Waldschmidt-Nelson, a. a. O., S. 29 f.
103 Hauser, S. 104
104 Washington Post, 24. 3. 1964
105 Vgl. Britta Waldschmidt-Nelson, a. a. O., S. 118 ff.
106 The New York Times, 18. 5. 1964
107 Remnick, S. 340
108 Vgl. Alex Haley (Hg.): Malcolm X. Die Autobiographie. München 1993, S. 446 ff.; Bruce Perry: Malcolm X. Ein Mann verändert Amerika. Hamburg 1993, S. 418 f.
109 Vgl. Fuller, S. 186 ff.
110 Remnick, S. 359
111 Remnick, S. 435
112 Remnick, S. 421
113 Fuller, S. 193 f.
114 Remnick, S. 362
115 Vgl. SI, 15. 2. 1971
116 Remnick, S. 419
117 Fuller, S. 195
118 Die Inter-Continental Promotions, die den Brüdern Bob und Jack Nilon und Sonny Liston gemeinsam gehörte, hatte 50 000 Dollar für das Promoten von Alis nächstem Kampf geboten. Für die Inter-Continental war dieses Angebot offen-sichtlich identisch mit einer neuen Chance Listons für einen Rückkampf. Kein Wunder, dass die Kontrollbehörden hellhörig wurden.
119 Vgl. SI, 2. 11. 1964
120 SI, 16. 11. 1964
121 Ebd.
122 Vgl. Hauser, S. 117 f.
123 Remnick, S. 388 f.
124 Vgl. Ali, S. 122
125 Remnick, S. 385
126 Torres, S. 166; vgl. SI, 21. 8. 1967
127 Remnick, S. 402 f.
128 Vgl. SI, 7. 6. 1965
129 Remnick, S. 401
130 Olsen, S. 141
131 Vgl. SI, 11. 10. 1965 und 19. 10. 1965
132 SI, 19. 10. 1965
133 SI, 11. 10. 1965
134 Remnick, S. 423
135 Remnick, S. 32
136 Fuller, S. 222
137 The Ring, 12 / 1965
138 Remnick, S. 437; vgl. Torres, S. 169; Ali, S. 135 ff.
139 Hauser, S. 143
140 Sheed, S. 102
141 Vgl. Apokalypse Vietnam. Das Buch zur Fernsehserie. Berlin 2000, S. 31 – 38; vgl. CheSchahShit. Die sechziger Jahre zwischen Cocktail und Molotow. Berlin 1984, S. 125 – 129
142 Hauser, S. 145
143 Remnick, S. 445 f.
144 Die Weltwoche, 26. 5. 1967
145 SI, 8. 5. 1967
146 Remnick, S. 448
147 Ali, S. 149
148 Ali, S. 128
149 The Louisville Times, 25. 2. 1966; vgl. SI, 7. 3. 1966
150 Hauser, S. 146 f.
151 The Ring, 4 / 1966; The Ring, 6 / 1966, und SI, 11. 4. 1966
152 SI, 11. 4. 1966
153 Knud Kohr und Martin Krauss: Kampftage. Die Geschichte des deutschen Berufsboxens. Göttingen 2000, S. 138

154 The Ring, 11/1966
155 SI, 10. 4. 1967
156 Ebd.
157 Martin Krane hat den tragischen Zwischenfall in «Sports Illustrated» vom 14. 11. 1966 geschildert.
158 Vgl. SI, 21. 11. 1966
159 Vgl. Hauser, S. 162 f.
160 The New York World & Telegram, 7./8. 2. 1967
161 SI, 3. 4. 1967
162 Hauser, S. 155
163 SI, 8. 5. 1967
164 SI, 23. 5. 1967
165 Hauser, S. 170
166 Remnick, S. 450
167 Dass Ali Elijah Muhammad gedrängt hatte, den in Houston geplanten Solidaritätsmarsch wegen der dort herrschenden Rassenunruhen (mehrere Tote nach Krawallen an der Texas Southern University) abzusagen, stimmte das Gericht nicht milde. Vgl. Hauser, S. 180 f.
168 Hauser, S. 173
169 Kram, S. 44
170 SI, 28. 8. 1967
171 Hauser, S. 183
172 Norman Mailer: Der Kampf. München-Zürich 1976, S. 163
173 Hauser, S. 185
174 Vgl. Kram, S. 88 ff.; Hauser, S. 186 ff.
175 Ali, S. 278
176 Aufmerksam registrierte das FBI etwa, dass sich die zuständige Berufungsinstanz, der Fifth Circuit Court of Appeals, am 8. Mai 1968 der Ansicht von Alis Anwälten Hayden Covington und Quinnan Hodgess anschloss, in der Musterungsbehörde seien schwarze Beisitzer völlig unterrepräsentiert. Kentucky etwa besetzte in seinen 641 Mitglieder starken Local Boards nur einen einzigen Sitz mit einem Schwarzen. In 23 anderen US-amerikanischen Bundesstaaten galt das «all-white»-Prinzip. Für Ali ein juristischer Teilerfolg, allerdings ohne praktische Verbesserung seiner Situation.
177 Vgl. David K. Wiggins: Victory for Allah, in: Elliott J. Gorn (Hg.): Muhammad Ali. The People's Champ. University of Illinois 1995, S. 102 ff.
178 Ebd.; vgl. Kram, S. 95 f.
179 Hauser, S. 197; vgl. Gerald Suster: Champions of the Ring. The Lives and Times of Boxing's Heavyweight Heroes. London 1992, S. 189
180 Hauser, S. 204
181 David K. Wiggins: Victory for Allah, in: Elliott J. Gorn (Hg.): Muhammad Ali. The People's Champ. University of Illinois 1995, S. 104
182 Remnick, S. 351
183 Zu Jack Johnson als Kristallisationsfigur von Rassen- und Klassenkonflikten vgl. Michael Kohtes: Boxen. Eine Faustschrift. Frankfurt a. M. 1999, S. 49 f.; Wolf Wondratschek: Menschen Orte Fäuste. Zürich 1996, S. 253 ff.
184 Nach dem Ende von Main Bout, Inc., hatten Bob Arum und Mike Malitz mit Sport Action, Inc., eine neue Organisation gegründet, die zusammen mit der WBA Ausscheidungskämpfe um den vakanten Schwergewichtstitel veranstaltete. Mit dabei waren Oscar Bonavena, Jimmy Ellis, Leotis Martin, Karl Mildenberger, Floyd Patterson, Jerry Quarry, Thad Spencer und Ernie Terrell (vgl. Sports Illustrated, 10. 7. 1967). Ellis, Alis ehemaliger Trainingspartner aus Louisville, setzte sich im Finale der Relegationskämpfe am 27. April 1968 in Oakland gegen Quarry durch. Sam Andre und Nat Fleischer: A Pictorial History of Boxing. London 1988, S. 166 ff.
185 Ali, S. 278 f.
186 Vgl. Torres, S. 55 ff.
187 Fuller, S. 240
188 Vgl. SI, 14. 9. 1970 und 2. 11. 1970

189 Hauser, S. 213
190 Torres, S. 83
191 Hauser, S. 219
192 Teddy Brenner, Matchmaker des veranstaltenden Madison Square Garden, vertrat später die Überzeugung, die Börse von jeweils 2,5 Millionen Dollar für beide Boxer sei gegenüber dem ursprünglichen Angebot die schlechtere Wahl gewesen: Eine 35-prozentige Beteiligung an den Gesamterlösen hätte Ali und Frazier bis zu 9 Millionen Dollar (vor Steuern) einbringen können. Vgl. Hauser, S. 218 f.
193 Süddeutsche Zeitung, 8. 3. 1971
194 Sheed, S. 116
195 Frankfurter Allgemeine Zeitung, 2. 3. 1971
196 The Ring, 5/1999
197 Frazier, S. 113
198 The Ring, 5/1991
199 Vgl. SI, 26. 7. 1971; Hauser, S. 238 ff.
200 Ein weiterer Kampf blieb ihm, vor allem aber Wilt Chamberlain, erspart: 2,15 Meter groß, zweieinhalb Zentner schwer, ein Riese von einem Kerl – und eine lebende Basketballlegende. Seine 100 Punkte im Spiel der Philadelphia Warriors gegen die New York Knicks am 2. März 1962 dürften ein Rekord für die Ewigkeit sein. Der Schaukampf zwischen dem Box- und dem Basketballriesen wurde am 22. April 1971 abgesagt. Vermutlich ereilte Chamberlain noch rechtzeitig die Einsicht, dass ihm selbst ein verspielter Ali eine derbe Lektion erteilt hätte. Vgl. Hauser, S. 235 ff.
201 Vgl. SI, 10. 7. 1972
202 Fuller, S. 218
203 Ali, S. 386
204 Vgl. Frazier, S. 132 ff.
205 Hauser, S. 251
206 Ali, S. 20
207 Hauser, S. 253
208 Norman Mailer: Der Kampf, a. a. O., S. 13

209 Frazier, S. 146
210 Vgl. Frazier, S. 142
211 Bert Blewett: The A–Z of World Boxing. London 1999, S. 193
212 Vgl. Der Spiegel, 45/1996
213 Vgl. Der Spiegel, 20/1985
214 Vgl. Norman Mailer: Der Kampf, a. a. O., S. 112
215 Hauser, S. 263
216 The Ring, 10/1974
217 Norman Mailer: Der Kampf, a. a. O., S. 28
218 Vgl. Der Spiegel/Extra 5/1997; Der Tagesspiegel, 5. 6. 1997; Der Spiegel 21/1997
219 Hauser, S. 269; Übersetzung: «Schweben wie ein Schmetterling, zustechen wie eine Biene/Seine Hände können nicht treffen, was seine Augen nicht sehen/Jetzt siehst du mich und dann wieder nicht/George glaubt, er schafft's, ich aber weiß, er schafft's nicht.»
220 Hauser, S. 271
221 Norman Mailer: Der Kampf, a. a. O., S.11 f. Außer Ali war nur ein anderer zu einer solchen Bewegungsökonomie im Ring in der Lage: Archie Moore, als Betreuer Foremans in Kinshasa dabei.
222 Norman Mailer: Der Kampf, a. a. O., S. 214
223 Vgl. Sheed, S. 183
224 Washington Post, 5. 7. 1984
225 Vgl. Britta Waldschmidt Nelson, a. a. O., S. 157 f.
226 Hauser, S. 298
227 Fasziniert vom mythisch-archaischen Substrat des Boxsports, hat Jan Philipp Reemtsma Stallones «Rocky»-Projekt als Großversuch interpretiert, das irritierende Phänomen Muhammad Ali dem kollektiven amerikanischen Bewusstsein zu reintegrieren. Vgl. Reemtsma, S. 85–121
228 Hauser, S. 312
229 Vgl. Kram, S. 217 ff.
230 The New York Times, 24. 9. 1975
231 Fraziers süffisanter Kommentar zu Alis mitunter ausschweifendem

Lebensstil: Er sei weit davon entfernt, ihm moralische Vorwürfe zu machen; zu sehr sei er selbst der Sohn seines Vaters und erfahren im Jonglieren mit Erstfrau (Florence) und Zweitfrau («my other Beaufort lady, Rosetta»). Nur: Er habe seine Fehltritte und Seitensprünge mit äußerster Diskretion behandelt. Vgl. Frazier, S. 158

232 Vgl. Frazier, S. 153 f.

233 Reemtsma, S. 27

234 Fraziers Augen waren von den Treffern so zugeschwollen, dass er Alis Schläge kaum mehr sehen konnte. Was aber kaum jemand wusste: Frazier litt seit längerem am linken Auge an grauem Star. Erst ein operativer Eingriff befreite ihn von seiner Sehschwäche. Vgl. Frazier, S. 171; Kram, S. 23 f.

235 Vgl. Frazier, S. 164 f.

236 Frazier, S. 166

237 Hauser, S. 324 f.

238 Süddeutsche Zeitung, 28. 6. 1976

239 Süddeutsche Zeitung, 6. 10. 1976

240 SI, 11. 10. 1976

241 Remnick, S. 154 f.

242 Vgl. Gerald Early: Some Prosposterous Propositions from the Heroic Life of Muhammad Ali: A Reading Of The Greatest: My Own Story, in: Elliott J. Gorn (Hg.): Muhammad Ali. The People's Champ. University of Illinois, 1995, S. 70–87

243 Hauser, S. 346 f.

244 The New York Times, 1. 10. 1977

245 Ebd.

246 Hauser, S. 349

247 Hauser, S. 349 f.

248 Hauser, S. 353

249 Vgl. Süddeutsche Zeitung, 15. 9. 1978; Newsweek, 25. 9. 1978

250 Als WBA-Champion hätte Ali bis September 1979 Zeit für eine Pflichtverteidigung gehabt; ob Promoter Bob Arum ihm den Rücktrittsentschluss tatsächlich durch eine Zahlung von 300 000 Dollar versüßte, weil er auf einen WBA-

Titelkampf zwischen John Tate und Gerrie Coetzee in Südafrika setzte, ist nicht nachzuweisen.

251 Hamburger Abendblatt, 20. 7. 1977

252 Remnick, S. 18

253 Vgl. Hauser, S. 367 f.

254 Newsweek, 22. 6. 1987

255 Hauser, S. 376–382

256 Hauser, S. 382

257 Vgl. Hauser, S. 382 ff.

258 Hauser, S. 392

259 Vgl. Hauser, S. 422 ff.

260 Hauser, S. 425

261 Time, 18. 2. 1980

262 Hauser, S. 397

263 Welt am Sonntag, 3. 6. 1979

264 Vgl. Penthouse, 6 / 1981

265 Hauser, S. 405

266 Vgl. Der Spiegel, 29. 9. 1980

267 SI, 29. 9. 1980

268 Hauser, S. 412

269 Reemtsma, S. 55

270 Hauser, S. 417

271 The New York Times, 13. 12. 1981

272 Vgl. Hauser, S. 431 f.

273 ZEITmagazin, 14. 7. 1997

274 Manfred Luckas (Hg.): Ring frei. Ein Lesebuch vom Boxen. Stuttgart 1997, S. 237

275 Vgl. USA Today, 12. 10. 1999; Washington Post, 8. 6. 1997

276 Remnick, S. 466

277 Vgl. Berliner Zeitung, 9. 4. 1997

278 Vgl. Hauser, S. 441 ff.

279 www.sportsplacement.com / alipart.3 / htm, 12. 2. 2001

280 Remnick, S. 464

281 Süddeutsche Zeitung Magazin, 19. 3. 1993

282 Michael Kohtes: Boxen. Eine Faustschrift. Frankfurt a. M. 1999, S. 9

283 Ebd., S.10

284 Joyce Carol Oates: Über Boxer. Ein Essay. Zürich 1988, S. 24 und 66

285 Vgl. Tages-Anzeiger, 13. 11. 1998

286 Stern, 22. 5. 1997

287 Ebd.

288 Hauser, S. 469

289 Hauser, S. 465 und 466
290 Hauser, S. 486
291 Hauser, S. 445
292 Playboy, 1/1984
293 Frankfurter Allgemeine Zeitung, 16. 10. 1996
294 Hauser, S. 394
295 Süddeutsche Zeitung, 1. 8. 1996
296 www.americansc.org.uk/Forum/muhammad_ali.htm, 14. 1. 2001
297 USA Today, 17. 8. 1999
298 Mark Kram, S. 201 (Ms.)
299 Der Spiegel, 21/1997
300 www.courier-journal.com, 14. 1. 2001
301 www.bz-berlin.de, 10. 9. 2000
302 Hauser, S. 454
303 Hauser, S. 462
304 Vgl. Frankfurter Allgemeine Zeitung und Frankfurter Rundschau, 11. 6. 2001
305 Hauser, S. 514
306 Hamburger Morgenpost 15. 9. 2001
307 ZEITmagazin, 14. 7. 1997
308 ZEITmagazin, 18. 4. 1997

ZEITTAFEL

1942 Muhammad Ali wird am 17. Januar als Cassius Marcellus Clay in Louisville, Kentucky, geboren. Er ist das erste Kind von Cassius Marcellus Clay Sr. und Odessa Lee Grady Clay. Sein Vater als Schildermaler und Kunsthandwerker und seine Mutter als Haushaltshilfe bei reichen weißen Familien sorgen gemeinsam für den Lebensunterhalt.

1942–1948 Die frühen Kindheitsjahre verbringt Cassius in bescheidenen, aber materiell abgesicherten Verhältnissen. Die Familie bewohnt im dicht bevölkerten Stadtteil West End ein kleines Haus in der Grand Avenue 3302.

1944 Geburt des Bruders Rudolph Arnette Clay, der sich als Moslem später Rahaman Ali nennt.

1949–1957 Cassius Clay besucht die DuValle Junior High School in Louisville.

1954 Unter Anleitung des weißen Polizisten Joe Martin beginnt er im Columbus Auditorium in Louisville mit dem Boxen.

1957 Besuch der Central High School, die er im Juni 1960 mit Rang 376 (von 391 Schülern seiner Jahrgangsstufe) abschließt. Er erhält die Mindestnote «teilgenommen». Erste Begegnung mit seinem späteren Trainer Angelo Dundee im Februar in Louisville.

1959 Erfolgreiche Amateurkarriere: 108 Kämpfe, 100 Siege. Er gewinnt sechsmal das Kentucky Golden Gloves Championship und zweimal das National Golden Gloves Tournament. Zweimal Titelträger der National Amateur Athletic Union; Qualifikation für das US-Olympiateam (Rom 1960).

1960 5. September: Goldmedaille im Halbschwergewicht durch den Finalsieg gegen den Polen Zbigniew Pietrzykowski.
Oktober: Der Vertrag mit der Louisville Sponsoring Group ermöglicht ihm einen reibungslosen Übergang ins Profilager. 29. Oktober: Erster Profikampf gegen Tunney Hunsaker in der Freedom Hall in Louisville (Punktsieg). Kurzes Intermezzo Clays in Archie Moores Boxcamp Salt Mine. Trainingsbeginn in Angelo Dundees Fifth Street Gym in Miami.

1961–1963 Dundee baut seinen Schützling in siebzehn Kämpfen gegen leichte und mittelschwere Gegner auf: 14 K.-o., drei Punktsiege.

1964 24. Januar: Beim Eignungstest für den Dienst in den Streitkräften beim Armed Forces Induction Center in Coral Gables, Florida, wird Clay mit einem Army-IQ von 78 in der Kategorie 1-Y eingestuft («nach den gegebenen Maßstäben untauglich für den Dienst in den bewaffneten Streitkräften»).
25. Februar: Cassius Clay wird Schwergewichtschampion im Titelkampf gegen Sonny Liston. Bei der Pressekonferenz am Morgen nach dem Kampf bekennt sich Clay zur Nation of Islam.
6. März: In einer Rundfunkansprache verleiht Elijah Muhammad, der Führer der Black Muslims, Cassius Clay den islamischen Namen Muhammad Ali.
14. Mai: Mehrmonatige Afrikareise; Ali trifft u. a. Gamal Abd el-Nasser und Kwame Nkrumah. Letzte Begegnung mit Malcolm X in Accra.
14. August: Ali heiratet Sonji Roi in Gary, Indiana. Die erste seiner vier Ehen zerbricht schon nach wenigen Monaten.

1965 21. Februar: Ermordung von Malcolm X bei einer Kundgebung im Audubon Ballroom in Harlem.
25. Mai: Ali gewinnt den Rückkampf gegen Sonny Liston in Lewiston, Maine, in der 1. Runde durch K. o.
22. November: In Las Vegas verteidigt Ali seinen Titel gegen Ex-Weltmeister Floyd Patterson durch K. o. in der 12. Runde.

1966 10. Januar: Alis Ehe mit Sonji wird rechtskräftig geschieden. 17. Februar: Die Verschlechterung der militärischen Lage der US-Truppen in Indochina schlägt sich in einer Verschärfung der Einberufungskriterien nieder. Auch Ali gilt nun wieder als wehrdiensttauglich (1-A). Alis folgenschwere Reaktion: *Man, I ain't got no quarrel with them Vietcong.*
März – November: Fünf Titelverteidigungen gegen George Chuvalo, Henry Cooper, Brian London, Karl Mildenberger (am 10. September im Frankfurter Waldstadion) und Cleveland Williams.
30. September: Herbert Muhammad, der Sohn Elijah Muhammads, wird neuer Manager Alis.

1967 6. Februar: Titelverteidigung durch Punktsieg gegen Ernie Terrell in einem «bösartigen, hässlichen und schrecklichen Kampf» (Jerry Izenberg).
22. März: Der überzeugende Sieg gegen Zora Folley im Madison Square Garden ist Alis letzter Kampf vor seiner dreieinhalbjährigen Zwangspause.
28. April: Im Rekrutierungsbüro der United States Armed Forces in Houston verweigert Ali den Kriegsdienst. Noch am gleichen Tag wird ihm der Weltmeistertitel von der New York State Athletic Commission und der WBA entzogen. Zusammen mit der Einziehung des Reisepasses und der Auflage, die USA nicht zu verlassen, bedeutet das: Berufsverbot.
19. Juni: Eine nur aus Weißen bestehende Jury unter Vorsitz des konservativen Richters Joe Ingraham verurteilt Ali zu fünf Jahren Gefängnis und einer Geldbuße von 10 000 Dollar; die Vollstreckung wird zunächst ausgesetzt.
17. August: Muhammad Ali heiratet die siebzehnjährige Muslimin Belinda Boyd. Aus der Ehe gehen vier Kinder hervor: Maryum, die Zwillinge Rasheeda und Jamillah und Muhammad Jr.
Ali ist gezwungen, seinen Lebensunterhalt in den nächsten Jahren u. a. als Gastredner an Schulen und Universitäten zu verdienen.

1968 4. April: Martin Luther King Jr. wird in Memphis, Tennessee, von dem Weißen James Earl Ray erschossen.

1969 In einer in «Muhammad Speaks», der Zeitschrift der Nation of Islam, veröffentlichten Erklärung teilt Elijah Muhammad der Öffentlichkeit den (zeitlich befristeten) Ausschluss Alis aus der Organisation mit.

1970 16. Februar: Joe Frazier, Titelträger der New York Boxing Commission, schlägt Jimmy Ellis, den Sieger des WBA-Relegationsturniers um die Ali-Nachfolge, in der 5. Runde entscheidend.
28. September: Ali erhält seine Boxlizenz von der New York State Athletic Commission zurück.
26. Oktober: Nach 43 Monaten Boxexil steht Muhammad Ali wieder im Ring. In Atlanta schlägt er Jerry Quarry in der 3. Runde durch technischen K. o.

1971 8. März: Ali unterliegt Frazier im «Fight of the Century» in 15 Runden nach Punkten.
28. Juni: Der United States Supreme Court kassiert das alte Urteil gegen Ali wegen Kriegs-

dienstverweigerung aus dem Jahr 1967 mit 8:0 Stimmen.

1971/1972 In nicht einmal sechzehn Monaten tritt Ali gegen neun Gegner in den Ring: Jimmy Ellis, Buster Mathis, Jürgen Blin, Mac Foster, George Chuvalo, Jerry Quarry, Al Lewis, Floyd Patterson, Bob Foster.

Im Herbst 1972 erfüllt sich Ali mit seinem Trainingscamp in Deer Lake, Pennsylvania, einen alten Traum.

1973 22. Januar: George Foreman entthront in Kingston, Jamaica, Joe Frazier als Schwergewichtschampion durch einen spektakulären K.-o.-Sieg in der 2. Runde.

31. März: Ali verliert in San Diego überraschend gegen Ken Norton nach Punkten.

10. September: Knapper Punktsieg bei der Revanche gegen Ken Norton in Los Angeles.

1974 28. Januar: Im zweiten Aufeinandertreffen mit Joe Frazier behält Ali im Madison Square Garden die Oberhand.

30. Oktober: In Don Kings «Rumble in the Jungle»-Spektakel in Kinshasa, Zaire, holt sich Muhammad Ali nach sieben Jahren seinen Weltmeistertitel gegen George Foreman zurück.

1975 25. Februar: Elijah Muhammad stirbt. Unter der Führung seines Sohnes Wallace D. Muhammad wird die Nation of Islam (später: World Community of Al-Islam) ideologisch und organisatorisch «zivilisiert».

Ali stellt seine Autobiographie *The Greatest. My Own Story* der Öffentlichkeit vor.

1. Oktober: In einer Ringschlacht epischen Ausmaßes («The Thrilla in Manila») besiegt Muhammad Ali erneut seinen Erzrivalen Joe Frazier im Araneta Coliseum in Quezon City vor den Toren Manilas.

1976 25. Juni: Peinliches Ring-Box-Catch-Happening mit dem japanischen Profi-Wrestler Antonio Inoke in Tokio.

September: Belinda reicht die Scheidung ein. In Manila hatte sich Ali bereits öffentlich zu seiner neuen Liebe Veronica Porche bekannt.

28. September: Umstrittener Punktsieg gegen Ken Norton in New York.

Ali kauft eine 35 Hektar große Farm in Berrien Springs im äußersten Südwesten Michigans.

1977 19. Juni: Ali heiratet Veronica Porche in dritter Ehe.

29. September: Alis letzte große Ringperformance gegen Earnie Shavers. Teddy Brenner, Boxmanager des Madison Square Garden, fordert Ali zum sofortigen Rückzug vom Boxsport auf. Kurz darauf beendet Dr. Ferdie Pacheco sein langjähriges Engagement als Ringarzt des Champions.

1978 15. Februar: Muhammad Ali verliert seinen Titel an den «Nobody» Leon Spinks.

15. September: Im Rückkampf in New Orleans lässt Ali dem völlig derangierten Leon Spinks keine Chance und wird zum dritten Mal Weltmeister in der Schwergewichtsklasse. Das «Triumvirat» (Bob Richley von der First National Bank of Chicago, Michael Phenner von der Kanzlei Hopkins & Sutter und Barry Frank von der International Management Group) nimmt die Arbeit auf, um Alis chronisches Missmanagement in Geldangelegenheiten zu beenden.

1979 27. Juni: Ali dementiert im «St. Louis Globe Democrat» entschieden alle Comeback-Ambitionen und teilt der WBA seinen Titelverzicht mit.

1980 Als Sonderbotschafter Jimmy Carters bereist Ali den afrikanischen Kontinent, um für den Boykott der Olympischen Spiele 1980 in Moskau zu werben – ein diplomatisches Desaster ersten Ranges.

5. März: Promoter Bob Arum kündigt Alis Comeback an. Die Nevada Athletic Commission bindet die Lizenzierung eines Ali-Kampfes in Las Vegas an einen Gesundheitscheck. Die wenig aussagekräftigen Tests in der Mayo Clinic in Rochester, Minnesota, reichen den Behörden, um grünes Licht zu geben.

2. Oktober: Muhammad Ali wird im Kampf um den vakanten WBC-Titel von seinem alten Sparringspartner Larry Holmes vernichtend geschlagen: die einzige K.-o.-Niederlage seiner Laufbahn.

1981 Anfang des Jahres taucht Alis Name im Zusammenhang mit dem «größten Computer-Bankbetrug in der Geschichte» («Time») auf, als die Wells Fargo Bank of California von einer der Ali-Firmen mehr als 21 Millionen Dollar zurückfordert.

11. Dezember: Alis große Ringkarriere endet beim «Drama of Bahama» mit einer Punktniederlage gegen Trevor Berbick in Nassau, Bahamas. Nach dem erneuten Debakel gibt Ali seinen endgültigen Rückzug vom Boxen bekannt.

1984 September: Nach Untersuchungen am Columbia-Presbyterian Medical Center in New York wird der Parkinson-Verdacht zur Gewissheit.

1986 Scheidung von Ali und Veronica, mit der er zwei Töchter hat, Hana und Laila.

19. November: Ali heiratet in vierter Ehe Lonnie Williams, die er seit deren Kindertagen aus Louisville kennt.

1990 Diplomatische Mission im Irak: Ali erreicht die Freilassung von fünfzehn Geiseln.

Februar: Cassius Marcellus Clay Sr. stirbt an Herzversagen.

1991 Lonnie und Muhammad Ali adoptieren einen Säugling, Asaad Amin.

Bei Simon & Schuster, New York, erscheint Thomas Hausers Biographie «Muhammad Ali. His Life and Times».

1994 August: Odessa Grady Clay stirbt an den Folgen eines Schlaganfalls.

1996 19. Juli: Muhammad Ali entzündet das olympische Feuer in Atlanta. Nach Atlanta setzt eine wahre Alimania ein.

1997 *Healing* erscheint, ein neues Buch Alis mit Aphorismen und philosophisch-religiösen Sentenzen.

1999 19. November: Muhammad Ali wird in Wien mit dem World Sports Award of the Century als «Kampfsportler des Jahrhunderts» ausgezeichnet.

2000 Columbia Pictures verfilmen Alis Lebensgeschichte (in der Hauptrolle: Will Smith, Regie: Barry Sonnenfeld).

2001 März: UNO-Generalsekretär Kofi Annan ernennt Ali zum Friedensbotschafter der Vereinten Nationen.

9. Juni: Den als «Ali – Frazier IV» vermarkteten Kampf zwischen Laila Ali und Jacqui Frazier-Lyde entscheidet Alis Tochter in Verona, New York, nach Punkten für sich.

2003 Geplante Eröffnung des Muhammad Ali Center in Louisville als interaktives Boxmuseum und Kongresszentrum für Menschenrechte.

ALIS PROFIKÄMPFE IM ÜBERBLICK

Nr.	Datum	Ort	Gegner	Ergebnis
	1960			
1.	29. 10. 1960	Louisville	Tunney Hunsaker (USA)	Punktsieg
2.	27. 12. 1960	Miami	Herb Siler (USA)	K. o. in der 4. Runde
	1961			
3.	17. 01. 1961	Miami	Tony Esperti (USA)	K. o. in der 3. Runde
4.	07. 02. 1961	Miami	Jim Robinson (USA)	K. o. in der 1. Runde
5.	21. 02. 1961	Miami	Donnie Fleeman (USA)	K. o. in der 7. Runde
6.	19. 04. 1961	Louisville	Lamar Clark (USA)	K. o. in der 2. Runde
7.	26. 06. 1961	Las Vegas	Duke Sabadong (USA)	Punktsieg
8.	22. 07. 1961	Louisville	Alonzo Johnson (USA)	Punktsieg
9.	07. 10. 1961	Louisville	Alex Miteff (USA)	K. o. in der 6. Runde
10.	29. 11. 1961	Louisville	Willie Besmanoff (USA)	K. o. in der 7. Runde
	1962			
11.	10. 02. 1962	New York	Sonny Banks (USA)	K. o. in der 4. Runde
12.	28. 02. 1962	Miami	Don Warner (USA)	K. o. in der 4. Runde
13.	23. 04. 1962	Los Angeles	George Logan (USA)	K. o. in der 4. Runde
14.	19. 05. 1962	New York	Billy Daniels (USA)	K. o. in der 7. Runde
15.	20. 07. 1962	Los Angeles	Alejandro Lavorante (USA)	K. o. in der 5. Runde
16.	15. 11. 1962	Los Angeles	Archie Moore (USA)	K. o. in der 4. Runde
	1963			
17.	24. 01. 1963	Pittsburgh	Charlie Powell (USA)	K. o. in der 3. Runde
18.	13. 03. 1963	New York	Doug Jones (USA)	Punktsieg
19.	18. 06. 1963	London	Henry Cooper (England)	K. o. in der 5. Runde
	1964			
20.	25. 02. 1964	Miami	Sonny Liston (USA)	K. o. in der 7. Runde **1. Titelgewinn Weltmeister im Schwergewicht**
	1965			
21.	25. 05. 1965	Lewiston	Sonny Liston (USA)	K. o. in der 1. Runde
22.	22. 11. 1965	Las Vegas	Floyd Patterson (USA)	K. o. in der 12. Runde
	1966			
23.	29. 03. 1966	Toronto	George Chuvalo (Kanada)	Punktsieg
24.	21. 05. 1966	London	Henry Cooper (England)	K. o. in der 6. Runde
25.	06. 08. 1966	London	Brian London (England)	K. o. in der 3. Runde
26.	10. 09. 1966	Frankfurt a. M.	Karl Mildenberger (Deutschland)	K. o. in der 12. Runde
27.	14. 11. 1966	Houston	Cleveland Williams (USA)	K. o. in der 3. Runde

	1967			
28.	06.02.1967	Houston	Ernie Terrell (USA)	Punktsieg
29.	22.03.1967	New York	Zora Folley (USA)	K.o. in der 7. Runde
	28.04.1967			**Verlust des WBA-Titels durch Aberkennung**

	1970			
30.	26.10.1970	Atlanta	Jerry Quarry (USA)	K.o. in der 3. Runde
31.	07.12.1970	New York	Oscar Bonavena (USA)	K.o. in der 15. Runde

	1971			
32.	08.03.1971	New York	Joe Frazier (USA)	Punktniederlage
33.	26.07.1971	Houston	Jimmy Ellis (USA)	K.o. in der 12. Runde
34.	17.11.1971	Houston	Buster Mathis (USA)	Punktsieg
35.	26.12.1971	Zürich	Jürgen Blin (Deutschland)	K.o. in der 7. Runde

	1972			
36.	01.04.1972	Tokio	Mac Foster (USA)	Punktsieg
37.	01.05.1972	Vancouver	George Chuvalo (Kanada)	Punktsieg
38.	27.06.1972	Las Vegas	Jerry Quarry (USA)	K.o. in der 7. Runde
39.	19.07.1972	Dublin	Al Lewis (USA)	K.o. in der 11. Runde
40.	20.09.1972	New York	Floyd Patterson (USA)	K.o. in der 7. Runde
41.	21.11.1972	Stateline	Bob Foster (USA)	K.o. in der 8. Runde

	1973			
42.	14.02.1973	Las Vegas	Joe Bugner (England)	Punktsieg
43.	31.03.1973	San Diego	Ken Norton (USA)	Punktniederlage
44.	10.09.1973	Los Angeles	Ken Norton (USA)	Punktsieg
45.	21.10.1973	Djakarta	Rudi Lubbers (Niederlande)	Punktsieg

	1974			
46.	28.01.1974	New York	Joe Frazier (USA)	Punktsieg
47.	30.10.1974	Kinshasa	George Foreman (USA)	K.o. in der 8. Runde
				2. Titelgewinn Weltmeister im Schwergewicht

	1975			
48.	24.03.1975	Cleveland	Chuck Wepner (USA)	K.o. in der 15. Runde
49.	16.05.1975	Las Vegas	Ron Lyle (USA)	K.o. in der 11. Runde
50.	30.06.1975	Kuala Lumpur	Joe Bugner (England)	Punktsieg
51.	01.10.1975	Manila	Joe Frazier (USA)	K.o. in der 14. Runde

	1976			
52.	20.02.1976	San Juan (Puerto Rico)	Jean Pierre Coopman (Belgien)	K.o. in der 5. Runde
53.	30.04.1976	Landover	Jimmy Young (USA)	Punktsieg
54.	24.05.1976	München	Richard Dunn (England)	K.o. in der 5. Runde
55.	28.09.1976	New York	Ken Norton (USA)	Punktsieg

	1977			
56.	16. 05. 1977	Landover	Alfredo Evangelista (Spanien)	Punktsieg
57.	29. 09. 1977	New York	Earnie Shavers (USA)	Punktsieg
	1978			
58.	15. 02. 1978	Las Vegas	Leon Spinks (USA)	Punktniederlage **Erster Titelverlust bei der 20. Titelverteidigung**
59.	15. 09. 1978	New Orleans	Leon Spinks (USA)	Punktsieg **3. Titelgewinn Weltmeister im Schwergewicht**
	1979			
	27. 06. 1979			Muhammad Ali kündigt seinen Rücktritt als WBA-Champion an
	1980			
60.	02. 10. 1980	Las Vegas	Larry Holmes (USA)	K.-o.-Niederlage in der 11. Runde
	1981			
61.	11. 12. 1981	Nassau (Bahamas)	Trevor Berbick (Kanada)	Punktniederlage

Muhammad Alis Kampfbilanz als Schwergewichtsprofi:

61 Kämpfe
56 Siege (37 durch K. o.)
  5 Niederlagen (1 durch K. o.)
Dreimal Schwergewichtsweltmeister

ZEUGNISSE

David Remnick
Chefredakteur The New Yorker
Binnen zweier Jahre sollte er, der schnelle und witzige Junge aus Louisville in Kentucky, sich zu einer der bezwingendsten und aufregendsten Gestalten des Amerikas seiner Zeit entwickelt haben. Er wurde so berühmt, dass er auf seinen Reisen um die Welt aus dem Fenster des Flugzeugs blicken – auf Lagos und L. A., auf Paris und Madras – und sicher sein konnte, dass praktisch jeder dort wusste, wer er war.

Bob Dylan
Musiker
Muhammad Ali bot der Welt einen bunten Strauß von Träumen und Möglichkeiten an, [...] in ihm kulminierten die Hoffnungen von Jung und Alt.

Peter Fuller
Psychoanalytiker
Er allein unter allen Champions hat eine kulturelle Bedeutung, die weit über das Spiel hinausgeht, das er spielt. [...] Ali bleibt die einflussreichste, erregendste und sicherlich bewundernswerteste Persönlichkeit, die der zeitgenössische Sport hervorgebracht hat.

John Schulian
Ehemaliger Sportchef von Chicago Daily News und Chicago Sun-Times
Es gibt Menschen in Afrika und Asien, die nicht die leiseste Ahnung haben, wer Präsident der Vereinigten Staaten ist; aber sie alle kennen Muhammad Ali. Er war bedeutender als eigentlich ein Sportler sein dürfte. [...] Er war ein so außergewöhnlicher Mensch, dass ich mir – sozusagen im Nachhinein – klarmachen muss: Ja, und außerdem war er ein verdammt guter Boxer.

Floyd Patterson
Ex-Schwergewichtschampion
Mit der Zeit lernte ich Ali lieben. Allmählich erkannte ich, dass ich Boxer war und er Geschichte.

Joe Frazier
Ex-Schwergewichtschampion
Er stand so knietief in seinem Ego, dass Gott zur Strafe mit Parkinson ein Exempel an ihm statuiert hat.

George Foreman
Ex-Schwergewichtschampion
Ich bin stolz, Teil der Ali-Legende zu sein.

Joyce Carol Oates
Schriftstellerin
Nie zuvor und seitdem nie mehr besaß ein Schwergewichtler im Ring so viel Stil – eine unnachahmliche Kombination von Intelligenz, Witz, Grazie, Respektlosigkeit und Schlauheit. [...] In seinen späteren Jahren, als seine Schnelligkeit nachließ, kam ein neuer, vielschichtigerer, womöglich noch größerer Boxer zum Vorschein.

Georges Balanchine
Choreograph
Mein Gott, der boxt ja mit den Beinen!

Michael Naumann
Herausgeber DIE ZEIT
Als Muhammad Ali (damals noch Cassius Clay) vor einem ganz und gar weißen Auditorium von Harvard-Studenten, so die Legende, einen Vortrag halten sollte, fragte ihn ein Zuhörer, ob er nicht eines seiner berühmten Stegreif-Gedichte vortragen wolle. Er war der einzige Schwarze im Saal und schaute in all die weißen Gesichter und sagte: ‹Me. We.› Das war seine sportpolitische, kulturelle,

soziologische, menschliche Funktion in jenen Jahren: nicht nur zuzuschlagen, sondern auch Brücken zu bauen. Die Weißen bewunderten ihn ob seiner geradezu überirdischen Eleganz in diesem blutigen Sport. Die Schwarzen sahen in ihm den Archetypus des lang ersehnten Erlösers. Er selbst hatte wahrscheinlich vor keinem Gegner mehr Angst – und er hatte sie – als vor dieser Rolle.

Angelo Dundee
Trainer von Muhammad Ali
Ali war ein Naturtalent, auch ohne mich wäre er ein großer Champion gewesen. [...] Außerhalb des Rings war er es, der mich lehrte. Er lehrte mich Geduld. Er lehrte mich Demut. [...] Für mich war es der schlimmste Moment in seiner Karriere, als sie ihn in den sechziger Jahren aus dem Boxring verbannten. [...] Mich verwundert, dass in ihm keinerlei Bitterkeit über die verlorenen Jahre ist.

Jan Philipp Reemtsma
Philologe
Für Selbstwahrnehmung und Selbstbewusstsein der Schwarzen nicht nur in Amerika hat Clay/Ali vielleicht mehr getan als Martin Luther King, Malcolm X, Patrice Lumumba und Bill Cosby zusammen.

Sugar Ray Leonhard
Ex-Mittelgewichtschampion
Mann, ich bin nur ein Fighter. Nichts weiter. Wenn es um Größe geht, sieh dir Muhammad Ali an. [...] Wenn du ihn in einen Raum voller Menschen neben Castro und Gorbatschow stellen würdest, würden sich alle um Ali scharen. Das ist Größe.

Don King
Promoter
Ali ist der bekannteste Mann auf der Erde. Wo immer auf der Welt Muhammad Ali auftritt, laufen die Menschen zusammen: Männer und Frauen, Schwarze und Weiße, 80-Jährige und zweijährige Kinder lieben ihn. Welcher Mann mit einer Milliarde Dollar wäre an der Schwelle des Todes nicht bereit, alles Geld für die Anerkennung einzutauschen, die Ali erfahren hat, für die Gewissheit, dass man sich an ihn mit so viel Sympathie erinnert wie an Muhammad Ali.

Jack Newfield
Autor
In einer Welt der turbulenten Umbrüche [...] beeinflusste er seine Zeit ebenso, wie er von ihr beeinflusst wurde. Und er überlebte. John Kennedy, Robert Kennedy, John Lennon, Martin Luther King, Malcolm X – alle Heroen der sechziger Jahre sind tot, ebenso Ikonen wie Elvis Presley und Marilyn Monroe. Aber Ali lebt [...]. Er ist in den Herzen aller, die diese Jahre miterlebt haben.

Karl Mildenberger
Ex-Schwergewichtseuropameister
Muhammad Ali, ein Phänomen nicht nur im Boxring, sondern auch als Mensch, großzügig, freigebig, mit einer besonderen sozialen Einstellung, ein Humanist, ganz besonders in der Frage der Rassengleichstellung. Für mich ist Ali der absolut Größte. Er schrieb Boxgeschichte. Ein Mensch, ein Jahrhundertereignis, mit Worten nicht zu beschreiben.

Dieter Kürten
Sportjournalist
Muhammad Ali hat der ganzen Welt bewiesen: Großes Maul und viel dahinter! Leider ist dem Größten – um im Bild zu bleiben – das Maul dann gestopft worden; auf so erschütternde Weise.
Wenn man nicht glaubte, dass Gott die Menschen liebt, könnte man auf den Gedanken kommen: Auch bei Ali war Allah darauf bedacht, dass die Bäume nicht in den Himmel wachsen.

Rolf Kunkel
DIE ZEIT

Das ist merkwürdig an Muhammad Ali, der es allein durch seine Anwesenheit schaffte, dieser brutalsten reglementierten Auseinandersetzung zwischen zwei Menschen weltweites Interesse zu gewinnen – der immense Gagen forderte und erhielt – der diesen Sportzweig allein am Leben erhielt – der in uns Instinkte weckte, von denen man glaubte, dass sie in all unserer Zivilisation längst ausgestorben sein müssten: Er hat immer nur starke Gefühle erzeugt – Liebe, Hass, Begeisterung, Fanatismus, Bewunderung, Neid, Abscheu. Kaum einmal Gleichgültigkeit.

Vitali Klitschko
Ich habe Ali schon als Jugendlicher bewundert. Wenn seine größten Kämpfe als Wiederholung im Fernsehen liefen, war das ein echtes Ereignis. Ali ist ein Mensch mit einer beeindruckenden Ausstrahlung.

Wladimir Klitschko
Mit Ali kann sich keiner vergleichen. Er ist innerhalb und außerhalb des Rings ein Vorbild: nicht nur für mich als Profisportler, sondern für jeden Menschen.

Die Großen und «der Größte»: Vitali und Wladimir Klitschko mit Muhammad Ali in dessen PR-Office in Los Angeles, September 2001. «Ich bin der größte und schönste Schwergewichtschampion aller Zeiten, aber die Klitschkos können meine Kronprinzen werden. Solche Jungs braucht der Boxsport: Gut aussehend, intelligent, beide mit Doktortitel, da kann ja wirklich nur einer mithalten: ich!»

Bibliographie

1. Zeitschriften

Sports Illustrated, Jahrgänge
1963–1981
The Ring, Jahrgänge 1963–1981

2. Über Muhammad Ali

Ali, Hana: More Than a Hero. Muhammad Ali's Life Lessons. London 2000

Ali, Muhammad (und Richard Durham): Der Größte. Meine Geschichte. München 1976

Bingham, Howard: Thirty Years. New York 1995

Bingham, Howard, und Max Wallace: Muhammad Ali's Greatest Fight. New York 2000

Bockris, Victor: Muhammad Ali: In Fighter's Heaven. London 1998

Cottrell, John: Man of Destiny. New York 1967

Early, Gerald (Hg.): I'm a Little Special. A Muhammad Ali Reader. London 1998

Early, Gerald: Some Preposterous Propositions from the Heroic Life of Muhammad Ali. A Reading of «The Greatest: My Own Story». In: Elliott J. Gorn (Hg.): Muhammad Ali. The People's Champ. Illinois 1995

Fuller, Peter: Muhammad Ali. Das Stück Pelz und der Champion des Volkes. In: Peter Fuller: Die Champions – Psychoanalyse des Spitzensportlers. Frankfurt a. M. 1987

Goldstein, Alan: Muhammad Ali. The Eye-Witness Story of a Boxing Legend. London 2000

Gorn, Elliott J. (Hg.): Muhammad Ali. The People's Champ. Illinois 1995

Harris, Othello: Muhammad Ali and the Revolt of the Black Athlete. In: Elliott J. Gorn (Hg.): Muhammad Ali. The People's Champ. Illinois 1995

Hauser, Thomas: Muhammad Ali. His Life and Times (With the Co-operation of Muhammad Ali). New York 1991

Hauser, Thomas: Muhammad Ali & Company. Inside the World of Professional Boxing. Norwalk 1998

Hennessey, John: Muhammad Ali. The Greatest. London 2000

Hietala, Thomas R.: Muhammad Ali and the Age of Bare-Knuckle Politics. In: Elliott J. Gorn (Hg.): Muhammad Ali. The People's Champ. Illinois 1995

Kram, Mark: Ghosts of Manila. The Fatal Blood Feud Between Muhammad Ali and Joe Frazier. New York 2001

Lipsyte, Robert: Free to be Muhammad Ali. New York 1977

Mailer, Norman: Der Kampf. München-Zürich 1976

Marqusee, Mike: Redemption Song. London 2000

Miller, John, und Aaron Kenedi (Hg.): Muhammad Ali. Ringside. London 1999

Miller, Davis: Das Geheimnis des Muhammad Ali. Eine wahre Geschichte. Berlin 1998

Olsen, Jack: Cassius Clay. Dortmund 1971

Oriard, Michael: Muhammad Ali. The Hero in the Age of Mass Media. In: Elliott J. Gorn (Hg.): Muhammad Ali. The People's Champ. Illinois 1995

Reemtsma, Jan Philipp: Mehr als ein Champion. Über den Stil des Boxers Muhammad Ali. Stuttgart 1995

Remnick, David: King of the World. Der Aufstieg des Cassius Clay oder Die Geburt des Muhammad Ali. Berlin 2000

Roberts, Randy: The Wide World of Muhammad Ali. The Politics and Economics of Televised Boxing. In: Elliott J. Gorn (Hg.): Muhammad Ali. The People's Champ. Illinois 1995

Sammons, Jeffrey T.: Rebel with a

Cause. Muhammad Ali as Sixties Protest Symbol. In: Elliott J. Gorn (Hg.): Muhammad Ali. The People's Champ. Illinois 1995

Schulke, Flip: Birth of a Legend: Miami 1961–1964. New York 1999

Sheed, Wilfrid: Muhammad Ali. Ein Portrait in Wort und Bild. Flensburg 1976

Torres, José: Muhammad Ali. Das Leben und die Kämpfe des größten Boxers aller Zeiten. München 1976

Umminger, Walter: Weltmeisterschaftsreportage. In: Jack Olsen: Cassius Clay. Dortmund 1976

Wiggins, David K.: Muhammad Ali, the Nation of Islam, and American Society. In: Elliott J. Gorn (Hg.): Muhammad Ali. The People's Champ. Illinois 1995

Wiggins, David K.: Victory for Allah. In: Elliott J. Gorn (Hg.): Muhammad Ali. The People's Champ. Illinois 1995

3. Zu Zeit-, Kultur- und Boxgeschichte

Anders, G., R. Felten und A. Kirsch (Hg.): Boxen und Gesundheit. Zur Frage von Langzeitschäden und ihrer Verhütung. (Schriftreihe Medizin des Bundesinstituts für Sportwissenschaft, Band 3) Köln 1977

Andre, Sam, und Nat Fleischer: A Pictorial History of Boxing. London 1998

Apokalypse Vietnam. Das Buch zur Fernsehserie. Berlin 2000

Baldwin, James: Hundert Jahre Freiheit ohne Gleichberechtigung. Reinbek bei Hamburg 1973

Berg, Günter, und Uwe Wittstock (Hg.): Harte Bandagen – Eine Box-Anthologie in 12 Runden nebst 11 Ringpausen und einer Siegerehrung. München 1997

Blewett, Bert: The A–Z of World Boxing. An Authoritative and Entertaining Compendium of the

Fight Game from its Origins to the Present Day. London 1999

CheSchahShit. Die sechziger Jahre zwischen Cocktail und Molotow. Berlin 1984

Ebel, Kai (Hg.): Boxen live. Die großen Boxer und ihre Fights. Macher, Trainer, Promoter. Technik, Regeln, Fachbegriffe. Die deutschen Stars von Schmeling bis Schulz. Düsseldorf 1996

Edwards, Harry: The Revolt of the Black Athlete. New York 1969

Faludi, Susan: Männer – das starke Geschlecht. Reinbek bei Hamburg 2001

Foreman, George (with Joel Engel): By George. New York 1997

Frazier, Joe (with Phil Berger): Smokin' Joe. The Autobiography. London 1996

Haley, Alex (Hg.): Malcolm X. Die Autobiographie. München 1993

Hennig, Dieter: Boxen. Die großen Stars. München 1996

Holmes, Larry: Against the Odds. New York 1998

Kohr, Knud, und Martin Krauss: Kampftage. Die Geschichte des deutschen Berufsboxens. Göttingen 2000

Kohtes, Michael: Boxen. Eine Faustschrift. Frankfurt a. M. 1999

Luckas, Manfred (Hg.): Ring frei! Ein Lesebuch vom Boxen. Stuttgart 1997

Mead, Chris: Champion: Joe Louis. Black Hero in White America. London 1986

Meinhardt, Birk: Boxen in Deutschland. Hamburg 1996

Moore, Archie: The Ole Mongoose. The Authorized Autobiography of Archie Moore, Undefeated Light Heavyweight Champion of the World. New York 1991

Muhammad, Elijah: Message to the Blackman in America. Chicago 1965

Muhammad, Elijah: History of the Nation of Islam. Chicago 1996

Mullan, Harry: The World Encyclo-
pedia of Boxing. The Definitive
Illustrated Guide. London 1999

Norton, Ken, Marshall Terrill und
Mike Fitzgerald: Going the Dis-
tance. The Ken Norton Story. New
York 2000

Oates, Joyce Carol: Über Boxer. Ein
Essay. Zürich 1988

Perry, Bruce: Malcolm X. Ein Mann
verändert Amerika. Hamburg 1993

Raeithel, Gerd: Geschichte der nord-
amerikanischen Kultur. Band 1 – 3.
Frankfurt a. M. 1995

Suster, Gerald: Champions of the
Ring. The Lives and Times of
Boxing's Heavyweight Heroes. Lon-
don 1992

Tosches, Nick: Der Teufel und Sonny
Liston. Aufstieg und Fall einer Boxlegende. München 2000

Torres, José: Knock out. Die Mike-
Tyson-Story. Berlin 1992

Waldschmidt-Nelson, Britta: Martin
Luther King. Malcom X. Frankfurt
a. M. 2000

Wondratschek, Wolf: Menschen Orte
Fäuste. Reportagen und Stories.
Zürich 1996

4. Internet-Quellen

www.courier-journal.com
www.sportsplacement.com
www.americans.org.uk

5. Filme

Muhammad Ali, the Greatest:
1964 – 1974. Regie: William Klein,
USA / Zaire 1964 / 1974

«A / K / A Cassius Clay». Regie: Jimmy
Jacobs, 1969 (u. a. mit Muhammad
Ali und Cus D'Amato)

Muhammad Ali: Ich bin der Größte.
Fünfzehn Jahre danach – Wieder-
sehen mit einer Boxlegende. Film
des Niederländischen Fernsehens /
NOS. Regie: Ruud ter Weijden, 1974

Muhammad Ali. Der lange Weg
zurück. Regie: Georg Stefan Troller
(ZDF 1974 / Reihe: Personenbeschreibung)

The Greatest. My own story (Verfil-
mung der Autobiographie von Muhammad Ali), 1977

Muhammad Ali. Sein Leben (sechs-
teilige TV-Dokumentation), Regie:
Seiichi Hasumi, 1991

When We Were Kings. Regie: Leon
Gast (Oscar 1997 für den besten
Dokumentarfilm), 1996

Muhammad Ali – die Legende. Regie:
Ben Wett. ARD 1997